Julius Lippert

Studien auf dem Gebiete der griechisch-arabischen

Übersetzungslitteratur

Julius Lippert

Studien auf dem Gebiete der griechisch-arabischen Übersetzungslitteratur

ISBN/EAN: 9783744627658

Hergestellt in Europa, USA, Kanada, Australien, Japan

Cover: Foto ©Paul-Georg Meister /pixelio.de

Weitere Bücher finden Sie auf **www.hansebooks.com**

Studien

auf dem Gebiete

der

griechisch-arabischen Übersetzungslitteratur

von

Dr. Julius Lippert,

Assistent an der Königlichen Bibliothek zu Berlin.

———

Heft 1.

————➤❘◄————

Braunschweig.

Verlag von Richard Sattler.

1894.

I.

Quellenforschungen zu den arabischen Aristoteles-biographien.

Das Interesse der Araber für die griechische Philosophie einerseits, ihre Neigung zu genealogischen Forschungen andererseits machen es begreiflich, dass uns in der arabischen Litteratur eine Fülle biographischen, auf die Träger der griechischen Philosophie bezüglichen Materials begegnet, welches von um so höherem Werte ist, als es nicht selten sonst verloren gegangene Quellen repräsentiert. Dass dabei der grosse Aristoteles, für die Araber und das ganze Mittelalter der Philosoph κατ' ἐξοχήν,[1] nicht am schlechtesten wegkommen konnte, liegt auf der Hand. Ausser einer Unzahl gelegentlicher biographischer Notizen besitzen wir von ihm eine ganze Reihe vollständiger Lebensbeschreibungen, die teils integrierende Teile arabischer Litteraturgeschichten oder richtiger biblio-biographischer Werke bilden, teils der Würdigung des Mannes in der einen oder anderen Hinsicht als Einleitung vorausgeschickt sind.

Sie finden sich in nachstehenden Werken:

1. Dem فهرست des Ibn Abî Ja'qûb an-Nadîm († nach 987 p. Chr.) von Seite 246—48 der Ed. Flügel.

2. Dem كتاب مختار الحكم ومحاسن الكلم des Abu-l-Wafâ al-Mubaššir Ibn Fâtik (Arzt zu Alexandria in der 2. Hälfte des 11. Jahrhunderts) als Einleitung zu den Sentenzen des Philosophen.[2]

---

[1] Šahristânî, Kitâb-al-milal wa-n-niḥal p. 311 heisst es ausdrücklich von ihm: وهو الحكيم المطلق عندهم.

[2] Mit dieser Biographie stimmt fast wörtlich überein die Vita bei Šahrazûri, abgesehen vom Anfang und Schluss, wo letztere etwas mehr bietet.

3. Dem تَأْرِيخ الحكمآء des Ibn al-Qifṭi (1172—1248 p. Ch.) sub voce أرسطوطاليس.

4. Den عيون الأنبآء فى طبقات الأطبّآء des Ibn Abî Uṣaibiʿa († 1269 p. Ch.) von Seite 54—57 der Ed. Müller.

5. Dem تأريخ مختصر الدول des Gregorius Abu-l-Faraǵ (1226 —86 p. Ch.) von Seite 91—93 der Ed. Pococke.[1]

Bevor wir uns aber an die Untersuchung des hier aufgezählten Materials machen, halte ich es für zweckmässig, die noch unpublizierte, in mehr als einer Hinsicht eigenartige Vita aus Mubaššir mit einer Übersetzung vorauszuschicken.[2]

أخبار أرسطوطاليس

هو أرسطوطاليس ومعناه فى لُغَة اليونانيّين الكامل الفاضل واسم أبيه نيقوماخس ومعناه مجادل قاهر وكان رجلا ماهرا فى علم الطبِّ فُوُلِدَ له

---

[1] A. Müller (Die griechischen Philosophen etc., p. 46) erwähnt noch den Ibn elchammâr als Verfasser einer Aristotelesbiographie. Allein die hier in Rede stehende Schrift كتاب سيرة الفيلسوف (Fihrist, p. 265, 6) ist nicht mit „Biographie des Philosophen [sc. Aristoteles]" sondern mit „Lebensweise des Philosophen", d. h. „wie ein Philosoph leben soll" zu übersetzen. Denn wenn auch Aristoteles als „der Philosoph" schlechthin bezeichnet wird, dieses Begriffswort in einem solchen Titel für den Eigennamen zu substituieren, ist doch wohl nicht gut angängig.

[2] Für die Edition standen mir zur Verfügung die Leidener Hs. 1487 (Cod. Warn. 515), deren Benutzung mir die Bibliotheksverwaltung in bekannter Liberalität durch Übersendung des Ms. nach Berlin ermöglichte, sowie die Berliner Hs. Orient. 785 in 4°, nach dem handschriftlichen Catalog eine Überarbeitung der vorstehenden, in der Aristotelesvita aber völlig mit ihr übereinstimmend. Die Varianten bei Šahrazûri habe ich nur, soweit sie von Belang waren, notiert. Noch bemerke ich, dass ich mit der Herausgabe des تأريخ الحكمآء des Ibn al-Qifṭi im Anschluss an die Vorarbeiten Aug. Müller's gegenwärtig beschäftigt bin.

v. 12. Statt der ersten beiden Worte hat Šahr. (Berlin. Ms. Orient. Octav 217) folgenden Anfang:

ارسطوطاليس بن نيقوماخس قال ابو نصر الفرابى ما فُرِّط ارسطاليس فى وضع المنطق ولقد لخّص النصيحة وانفرد فيه بكمال الفضيلة وبان من جلالة قدره وجزالة رأيه فيه ما ذلّت له الرقاب وخضع له أولو الالباب وأقرّت الألسن له بالفجر على لطيف ما اتى ودقيق ما أرى وبديع ما ألّف وغريب ما صنّف حتّى صار فى الناس علما وعليهم حكما وقال ابو سليمان المسجرى لو لم يكن لأرسطو إلّا قوله فى وصف الانسان وذكر حاله وما يدلّ

أرسطوطاليس هذا فى مدينة تسمى اسطاغيرا من البلاد المسمّاة خلقيدى
من أعمال تراقيس وكان اسم أُمّه افسطيا وكان أبوه نيقوماخس طبيب
أمنطس والد فيلبّس والد الإسكندر وكان يرجع بنسبه من نيقوماخس
بن ماخاون إلى أسقلبيادس وهو النسب الفاضل فى اليونانيّين وأصل
٥ أُمّه أيضا يرجع فى النسب إلى أسقلبيادس ۞

  ولمّا بلغ ثمانى سنين حمله أبوه إلى بلاد أنينية وهى المعروفة ببلاد
الحكمآء وأقام فى لوقيون منها فضمّه أبوه إلى الشعرآء والبلغآء والنحويّين فأقام
متعلّما منهم تسع سنين وكان اسم هذا العلم عندهم المحيط أعنى علم
اللسان لحاجة جميع الناس إليه لأنّه لأداة والمراق إليه إلى كلّ حكمةٍ وفضيلةٍ
١٠ والبيان الّذى يُتَحَصّلُ به كلّ علم وإنّ قومًا من الحكمآء أزرُّوا بعلم البلغآء
واللغويّين والنحويّين وعنّفوا المتشاغلين به منهم أفيقورس وفوثيغورس
وزعموا أنّه لا يُحتاج إلى علمهم فى شىء من الحكمة لأنّ النحويّين معلّمو
الصبيان والشعرآء أصحاب أباطيل وكذب والبلغآء أصحاب تمخّل ومحاباة
ومرآء فلمّا بلغ أرسطوطاليس ذلك أدركته الحفيظة لهم فناضل عن النحويّين
١٥ والبلغآء والشعرآء واحتجّ عنهم وقال إنّه لا غنآء للحكمة عن علمهم
لأنّ المنطق أداة لعلمهم وقال إنّ فضل الإنسان على البهآئم بالمنطق
وأحقّهم بالإنسيّة أبلغهم فى منطقه وأوصلهم إلى عبارة ذات نفسه
وأوضعهم لمنطقه فى موضعه وأحسنهم اختيارا لأوجزه وأعذبه ولأنّ
الحكمة أشرف الأشيآء فينبغى أن تكون العبارة عنها بأحكم المنطق
٢٠ وأفصح اللّهجة وأوجز اللفظ الأبعد من الدَخَل والزَلَل وسماجة المنطق

عليه وعلى غايته وبدنه كيف يصلح لانسان وهو يستره ما يضرّه لكان
كافيا وقال نصحك من استخطك بالحقّ وغشّك من اوصاك بالباطل وكانت
كتبه وحكمته تسمى علم إصابة الرأى وقال من عدم الفهم عن البارى
لم يعجز ان يستفهم عِظَة حكيم ومعناه الخ.

v. 1 B. ‏يسمّا‎.   ‖ v. 2 beide Codd. ‏تراقيس‎.   ‖
‏قسطيا‎ .L 2 v.   ‖ v. 4 ‏افنطس‎.   ‖ v. 6 L. ‏ثمان‎.
v. 3 beide Codd. ‏بن ماخاون‎ fehlt in L.   ‖ v. 4 ‏افنطس‎.
v. 7 L. ‏وبلغآء‎.   ‖ v. 8 ‏وكان‎ fehlt in L   ‖ v. 8 ‏عندهم‎ fehlt in B.
v. 10 Šahr. u. Uṣ. ‏يتحصّل‎.   ‖ v. 10 Šahr. ‏ازدروا‎.   ‖ v. 11 Šahr. ‏فيثاغورس‎.
v. 12 L. ‏محتاج‎.   ‖ v. 14 ‏ذلك‎ fehlt in L.   ‖ v. 15 Uṣ., p. 56, 10 ‏لا غنى‎.
v. 15 L. ‏بالحكمة‎.   ‖ v. 17 Šahr. ‏عبارة ذلك بذات‎.   ‖ v. 18 L ‏واعذبه‎; ‏وجزه‎
fehlt in L   ‖ v. 20 beide Codd. ‏وسماجة‎; Šahr. u. Uṣ. ‏وسماحة‎.

وقبح اللُّكنة والعِيّ فإن ذلك يذهب بنور الحكمة ويقطع عن الأداء ويقصر عن الحاجة ويلتبس على المستمع ويُنفِسك المعانى ويُورِث الشُّبهة ۞

فلمّا استكمل علم الشعرآء والنحويِّين والبلغآء واستوعبه قصد إلى العلوم الأخلاقيّة والسياسيّة والتعليميّة والطبعيّة والإلهيّة وانقطع إلى افلاطون وصار تلميذا له ومتعلِّما منه وله يومئذ سبع عشرة سنة وذلك في موضع يسمّى أقاذيميا من أثينية بلد الحكمآء وأقام يتعلّم من افلاطون حكمته عشرين سنة وكان يتعلّم العلم من افلاطون بالسماع ممّن فيه ولم يكن يكله إلى تعليم اكسانوقراطيس تلميذه كما كان يفعل بغيره لجلالته في نفسه وكان افلاطون يجلس فيُستدعى منه الكلام فيقول حتّى يحضر الناس فإذا جاء أرسطوطاليس قال تكلّموا فقد حضر الناس وربّما قال حتّى يحضر العقل فإذا حضر أرسطوطاليس قال تكلّموا فقد حضر العقل ولمّا غاب افلاطون إلى سقيليا الغيبة الثانية استخلف أرسطوطاليس على دار التعليم بالمدينة المسمّاة أقاذيميا ۞

فلمّا هلك افلاطون خرج أرسطوطاليس إلى موضع بأثينية يسمّى لوقيون فاتّخذ هناك دار التعليم للحكمة المنسوبة إلى المشّائين وكان من رأي افلاطون الرياضة للبدن بالسعى المعتدل لتحليل الفضول عنه كرياضة النفس بالحكمة لتجتمع الخلّتان من رياضة النفس والبدن وتقدّم في ذلك إلى أرسطوطاليس واكسانوقراطيس وكانا يعلّمان الحكمة للتلاميذ وكلّهم مُشاة فلُقِّبا ومن تبعهما بالمشّائين وبقى اكسانوقراطيس بأقاذيميا ليعلّم بها علم افلاطون فكان جميع حكمة أرسطوطاليس وما وضع من الكتب في المنطق وغيره من الحكمة في الموضع الّذى انتقل إليه الّذى يسمّى لوقيون واستودعها هناك وكانت حكمته وكتبه تسمّى في ذلك الحين علم إجابة الحقّ والسماعة ۞

‏v. 4 سبعة عشر سنة.‏ ‏ v. 5 له fehlt in B. ‏ v. 5 L. والتعليميّة fehlt in B. ‏ v. 7 حكمته عشرين سنة وكان يتعلّم العلم من افلاطون fehlt in I., wahr-scheinlich dadurch veranlasst, dass das zweimal vorkommende من افلاطون in der Vorlage übereinanderstand, und der Abschreiber durch einen begreiflichen lapsus oculi eine Zeile übersprang. ‏ v. 8 يكن fehlt in B. ‏ v. 11 فإذا bis العقل fehlt in I., vielleicht aus ähnlichem Grunde wie das vorhergehende. ‏ v. 14 L. في رياضة. ‏ v. 15 L. دار الحكمة. ‏ v. 17 beide Codd. موضعه. ‏ v. 18 للتلاميذ fehlt in I., v. 19 واكسانوقراطيس fehlt in B., ist jedoch durch das folgende كلّهم bedingt. ‏ v. 21 L. في الحكمة. ‏ v. 22 B. وكتبه كثيرة تسمّى.

ولمّا تُوُفِّيَ افلاطون سار أرسطوطاليس إلى أرميساس الخادم الوالى بأترنوس
ولمّا مات الخادم رجع إلى أثينية فأرسل إليه فيلبّس فصار إليه إلى
ماقذونيا فلبث بها يعلّم الحكمة إلى أن سار الاسكندر إلى بلاد آسيا
فاستخلف أرسطوطاليسُ فى ماقذونيا قلستانس ورجع إلى بلاد أثينية
٥ فأقام فى لوقيون عشر سنين يعلّم وقام عليه رجل من الكُمُرِيِّين اسمه
أورمازن وشنّع عليه بالطعن فى مذهبه وأنّه لا يسجد للأصنام الّتى
كانت تُعبد فى ذلك الدهر ولا يعظّمها بسبب الحسد له وضغن قديم
كان فى نفسه عليه فلمّا أحسّ بذلك شخص عن أثينية إلى بلاده وهى
خلقيدقى خوفا من أن يفعلوا به كما فعلوا بسُقراط الزاهد من قِبَل
١٠ قَتلِهم له بالسمّ وأتى هذا الموضع الّذى ذكرناه لينظر إلى مَدّ بحيرة
أوريفوس الّتى بأوبيا وجَزرُها وأن يضع فى ذلك كتابا فأدركه الموت هناك
فتوفّى بها ودُفِنَ فيها وكان له حينئذ ثمان وستّون سنة ۞

ولمّا مات فيلبّس وملك الاسكندر ابنه بعده وشخص عن ماقذونيا
لمحاربة الأمم وحاز بلاد آسيا صار أرسطوطاليس إلى التبتّل والتخلّى عن
١٥ الاتّصال بأمور الملوك فهيّأ موضع التعليم الّذى ذكرناه فأقبل على العناية
بمصالح الناس ورفد الضعفآء وتزويج الأيامى وعول اليتامى ورفد
الملتمسين للتعلّم والتأدّب من كانوا أو أيّ نوع من الأدب والعلم طلبوا
ومعونتهم على ذلك والصدقات على الفقرآء وإقامة المصالح فى المدن
وجدّد بنآء مدينة اصطاغيرا وكان هو الّذى وضع سنن أهل اصطاغيرا
٢٠ لهم وكان جليل القدر فى الناس وكانت له من الملوك كرامات عظيمة

---

v. 4 beide Codd. فاستانس. ‖ v. 5 يعلّم fehlt in B. ‖ v. 5 beide
Codd. الكمرين. ‖ v. 6 L وسنّع. ‖ v. 7 B. hat nach تعبد noch من دون
اللّه eine Verbindung, die, aus dem Koran stammend, allmählig stereotyp geworden und dem Abschreiber wohl unwillkürlich in die Feder gekommen ist. ‖
v. 8 L بلاد. ‖ v. 9 B. فعل. ‖ v. 10 beide Codd. wie auch Šahr. haben
لسطر الى مد بحيرة اوريفس التى بامور حررها ohne diacritische Punkte.
Offenbar ist diese Stelle schon in der Vorlage verderbt und unverständlich gewesen und darum von den Abschreibern mechanisch nachgemalt. Die von mir
in den Text aufgenommene Lesart ist zweifellos richtig und wird bestätigt durch
die Zeugnisse mehrerer classischer Autoren, welche auf Seite 33 der Untersuchungen nachzusehen sind. ‖ v. 11 فى fehlt in B. ‖ v. 12 L ثمانى. ‖
v. 14 beide Codd. جاز; L. التبتل; B. افعل. ‖ v. 15 B. الغاية. ‖ وضع
v. 16 B غوث. ‖ v. 17 L للعلم والتأديب; B. للعلم والتأدّب. ‖ v. 19 وضع
fehlt in B.

ومنزلة رفيعة ونقل أهل اصطاغيرا رمّته بعد ما بليت وجمعوا عظامه
وصيّروها فى إناء من نحاس ودفنوها فى الموضع المعروف بالأرسطوطاليسّى
وصيّروه مجمعا لهم يجتمعون فيه للمشاورة فى جلائل الأمور وما
يحزنهم ويستريحون إلى قبره ويسكنون إلى عظامه وإذا صعب عليهم
شىء من فنون العلم والحكمة أتوا ذلك الموضع وجلسوا إليه ثمّ تناظروا ه
فيما بينهم حتّى يستنبطوا ما أشكل عليهم ويصحّ لهم ما شجر بينهم
وكانوا يرون أنّ مجيئهم إلى الموضع الّذى فيه عظام أرسطوطاليس يُذكى
عقولهم ويصحّح فكرهم ويلطّف أذهانهم وأيضا تعظيما له بعد موته
وأسفا على فراقه وحزنا لأجل الفجيعة به وما فقدوه من ينابيع حكمته ۞

وكان كثيرٌ التلاميذ من الملوك وأبناء الملوك وغيرهم منهم ثاوفرسطوس ۱۰
وأوذيموس والكسندروس الملك وأرمينوس واستخولوس وغيرهم من الأفاضل
المشهورين بالعلم المبرزين فى الحكمة المعروفين بشرف النسب وقام
من بعده ليعلّم حكمته الّتى صنّفها وجلس على كرسيّه وورث مرتبته
ابن خالته ثاوفرسطوس ومعه رجلان يعينانه على ذلك ويوازرانه يسمّى
أحدهما أرمينوس والآخر استخولوس وصنّفوا كتبا كثيرة فى المنطق والحكمة ۱۵
وخلّف من الولد ابنا يقال له نيقوماخس صغيرا وابنة صغيرة أيضا
وخلّف مالا كثيرا وعبيدا وإماء كثيرة وغير ذلك وجعل وصيّته أنطبطرس
وجماعة معه من أصحابه يعينونه وخيّر ثاوفرسطوس فى المشاركة فى
الوصيّة والتدبّر معهم إن سهل ذلك عليه ۞

وصنّف كتبا كثيرة نحو مائة كتاب وذكروا أنّه صنّف غير هذه المائة ۲۰
كتبا أُخر منها ما وقفنا عليه وهى اليوم موجودة بأيدى الناس نحو عشرين
كتابا ثمانية هى الكتب المنطقيّة وثمانية هى الكتب الطبيعيّة وكتاب
الأخلاق وكتاب السياسة المدنيّة وكتاب كبير فيما بعد الطبيعيّات
يعرف بثاولوغيا ومعناه القول الإلهىّ وكتاب الحِيَل الهندسيّة ومنها

---

v. 2 L. بالموضع. ‖ v. 3 وصيّروه fehlt in beiden Codd. wie auch in
Šahr. und ist aus Ibn Abi Uṣaibi'a ergänzt. ‖ v. 3 B. للكمشاورة; am Rande
وخوفا ‖ v. 6 L. المحاورة. ‖ v. 9 B. واشفاقا. ‖ v. 9 L. المحلّ ما. للمحارة.
كتاب .B 15 .v ‖ .صنف .B 15 .v ‖ .للتعليم .B 13 .v ‖ .الحكمة .L 9 .v
v. 15 كثيرة fehlt in beiden Codd. und ist nach Ibn Abi Uṣaibi'a ergänzt. ‖
v. 17 B. كثير. ‖ v. 18 معه fehlt in B. ‖ v. 19 beide Codd. wie auch Šahr.
وثمانية هى fehlt in B. ‖ v. 20 كتبا fehlt in B. ‖ v. 21 L. موجود. ‖ v. 22
عليهم. ‖ v. 24 B. وبعرف. ‖ v. 24 الكتب الطبيعيّة fehlt in I. الحيل السياسيّة.

رسائل وعهود ومنها ما انتهى إلينا أسماؤها ولم نقف عليها وهى عِدّة
كثيرة وعدّله افلاطون على ما أظهره من الحكمة وصنّفه فى الكتب فأجابه
معتذرًا أمّا أبناء الحكمة ووَرثتها فلن ينبغىَ أن يُبخَّسوها وأمّا أعداؤها
والزاهدون فيها فلن يصلوا إليها لِجهلهم بما فيها ورغبتهم عنها
٥ ونفارهم منها لعسرها عليهم وقد حصّنتُ هذه الحكمة مع إباحتى إيّاها
تعصينا منيعا لئلّا يتسوّرها السفهاء ولا يصل اليها الجهلاء ولا يتناولها
الأسفياء ونظمتُها نظمًا لا يعيى به الحكماء ولا ينتفع به الجحدة الكذبة ۞
    وكان أرسطوطاليس أبيضَ أجلح قليلا حسن القامة عظيم العظام
صغير العينين كثَّ اللِحية أشهل العينين أقنى الأنف صغير الفم
١٠ عريض الصدر يُسرِعُ فى مشيته إذا خلا ويبطئ إذا كان معه أصحابه ناظرا
فى الكتب دائمًا لا يهذى ويقف عند كلّ كلمة ويطيل الإطراق عند
السؤال قبل الجواب ينتقل فى أوقات النهار فى الفيافى ونحوَ الأنهار
مُحِبّ لاستماع الألحان والاجتماع بأهل الرياضات وأصحاب الجدل

v. ۱ B. und Šahr. عمود ‖. v. ۱ B. اسمَّا ‖. v. ۱ beide Codd. عَدد. ‖ v. ۲
beide Codd. وعدّله ‖. v. ۳ beide Codd. دحكسوها ohne diacritische Punkte;
Šahr. hat يمتحوها ‖. v. ٤ عنها fehlt in B. ‖ v. ۶ Šahr. فينبغى أن ‖. v. ۷ L. يعبىا ;
B. يعبىا ; الاشقياء. ‖ v. ۷ beide Codd. und Šahr. ليسرها ‖. v. ۷ beide Codd. und Šahr. الجحرة. ‖ v. ۸ Zwischen
ارسطوطاليس und ابيض hat Šahr. noch folgenden auch bei Ibn Abī Uṣaibiʿa
p. 55 unten sich findenden Passus: لين الجانب كثير التواضع حسن اللقاء
للصغير والكبير والقوى والضعيف واما قيامه بأمور أصدقائه فلا يوصف
أبلج. ‖ v. ۸ Šahr. ويدلّ على ذلك ما ذكره أصحاب السير واتّفاقهم وكان الخ
v. ۹ الأنف fehlt in B. und Šahr. ‖ v. ۱۱ beide Codd. بهذا. ‖ v. ۱۲ L. wie
auch Šahr. und Ibn Abī Uṣaibiʿa قليل الجواب. Diese Lesung wird von Steinschneider, Al-Farabi, p. 207, der „antwortete wenig [oder kurz?]" und A. Müller,
Die griech. Philosophen cet., p. 46, welcher „seine Antworten waren kurz" übersetzt, acceptiert. Die von mir in den Text gesetzte Lesart, die sich schon durch
ihren vernünftigeren Sinn empfiehlt, wird bestätigt durch die Lesarten bei Bar
Hebraeus, Hist. Dyn. p. 42, wo es heisst: إذا سُئِل لا يبادر الجواب إلّا بعد
الفكر Wurde er gefragt, so beeile er sich nicht mit der Antwort, sondern [antwortete]
erst nach einigem Nachdenken, und Chron. Syr. Ed. Paris, p. 34, wo es heisst:
ܗܕ ܡܬܫܐܠ ܗܘܐ ܠܐ ܡܣܪܗܒ ܗܘܐ ܐܠܐ ܒܬܪ ܚܕ ܙܒܢ Wenn er gefragt wurde, so antwortete er nicht schnell, sondern nach einiger Zeit. Vgl. auch Rose, Aristotelis
fragmenta, p. 433, 11 μὴ δεῖν προχείρως ἀποφαίνεσθαι ἀλλὰ πολλάκις ἐπε-
σκεμμένον. ‖ v. ۱۳ beide Codd. wie auch Šahr. u. Us. haben in محبّ wie auch
in den folgenden Participien منصف etc. anakolutisch den Nominativ, sämmtliche
Qifṭimss. übereinstimmend aus begreiflichem Grunde den Accusativ. ‖ v. ۱۳ الاستماع

مُنصِف من نفسه إذا خصم معترف بموضع الإصابة والخطأ معتدل فى
الملابس والمآكل والمشارب والمناكع والحركات بيده آلة النجوم
والساعات ۞

ومات وله ثمان وستّون سنة

Nachrichten über Aristoteles.

Das ist Aristoteles.[1] *Der Name bedeutet im Griechischen der
Vollkommene, der Vortreffliche. Der Name seines Vaters ist Nicomachus, was Streiter, Überwinder heisst. Nicomachus war erfahren
in der Heilkunst; es wurde ihm aber dieser Aristoteles geboren in
einer Stadt, namens Stagira, aus der Landschaft, welche Chalcidice
heisst und zur Provinz Thracien gehört. Der Name seiner Mutter
war Phaestis. Sein Vater Nicomachus war der Leibarzt des
Amyntas, des Vaters Philipps, des Vaters Alexanders. Sein Stamm-
baum geht von Seiten des Nicomachus, Sohnes des Machaon,*[2] *auf*

---

v. 1 بموضع fehlt in L. ‖ v. 4 Für die Schlussworte ومات الخ hat
Šahr. folgenden Schluss: رأيتُ فى سياسات الملوك التى ترجمها ابن البطريق
للمأمون انّ هذا الحكيم الفاضل كثيرا ما يعدّه علماء اليونانيّين فى عديد[!]
الأنبيآء ولقد أتى فى التواريخ اليونانيّة انّ الله سبحانه وتعالى أوحى
إليه إنّى أن أستيك مَلَكا أقرب منك إلى أن أستيك إنسانا وله
غرائب عظيمة يطول ذكرها فى موته واختلف فى موته فقيل أنّه مات موتنا وله
هرم معروف وقيل أنّه ارتفع إلى السماء فى عمود من نور أفاضنا الله من نوره.

[1] Das هو أرسطوطاليس, womit der arabische Text anhebt, ist jedenfalls
so zu erklären, dass dem Texte das Bildnis des Aristoteles vorgesetzt war, zu
dem dann diese beiden Worte die Unterschrift bildeten.

[2] Als Sohn des Machaon wird Nicomachus auch im Fihrist und bei Qifṭi
bezeichnet, ein Irrtum, der wohl dadurch entstanden ist, dass den Arabern
Machaon als Sohn des Asclepius bekannt war (cf. Ibn Abi Usaibia, p. 54), die Zwischen-
glieder aber zwischen Machaon und Nicomachus unbekannt waren, weshalb sie
dann das obige unmittelbare Descendenzverhältnis zwischen den beiden statuierten.
Ibn Abi Usaibia' nennt den Nicomachus الجراسى الفيثاغورى und erwähnt ihn
als Autor eines تأليف مشهور فى الارثماطيقى. Es beruht das auf einer
schon bei Ja'qûbi (Ed. Houtsma, p. 144, v. 1) sich findenden Confundierung mit
dem Gerasener Nicomachus, von welchem es im Fihrist, p. 269, heisst: نيقوماخس
البهراسينى وله من الكتب كتاب الارثماطيقى مقالتان كتاب الموسيقى
الكبير ولهذا الكتاب مختصرات. Dieselbe Confusion haben wir auch bei

Asclepius zurück. Dieses Geschlecht ist das vornehmste[1] unter den Griechen. Der Ursprung seiner Mutter geht ebenfalls auf Asclepius zurück.

Als er 8 Jahre alt geworden war, brachte ihn sein Vater in das Land Athen,[2] welches unter dem Namen „Land der Weisen" berühmt war, woselbst der Knabe im Lyceum blieb. Es gab ihn aber sein Vater in die Schule der Dichter, Redner und Grammatiker, deren Schüler er 9 Jahre hindurch blieb. Diese Wissenschaft, die Sprachwissenschaft nämlich, führte bei ihnen den Namen „umfassende",[3] weil alle Menschen ihrer bedürfen, indem sie das Werkzeug und die Leiter zu jeglicher Weisheit und Tugend ist sowie zu der Darlegung, durch welche jede Wissenschaft hervorgebracht wird. Es gab aber einige unter den Weisen, welche die Wissenschaft der Redner und Lexicographen und Grammatiker

---

Qifṭi, der sub voce نيقوماخس بن ماخاوت والد sagt: نيقوماخس

أرسطوطاليس كان شريفا فى يونان ينسب من جانبى أمّه وأبيه إلى أسقلبياذس الذى وضع الطبّ اليونانى كذا ذكره بطلميوس الغريب فى كتابه وكان من مدينة لليونانيتين تسمّى أسطاغيرا من عمل من اعمال اليونان يسمّى جهراشن وكان نيقوماخس فيثاغورى المذهب قد درس علومه حتّى كانت النوبان لا تعرفه إلّا بالفيثاغورى وكان متطبّبا لفيلبس والد الاسكندر وهو من تلاميذ افلاطون وله من التصانيف كتاب العدد فى علم الارثماطيقى (ein, nicht zwei Werke, wie Steinschneider in der Übersetzung dieses Artikels *Alfarabi, p. 191* anzunehmen scheint) كتاب النغم.

[1] Eigentlich „der vornehme"; so wird der Superlativ im Arabischen öfters durch den determinierten Positiv wiedergegeben, wenn ein besonders hoher Grad ausgedrückt werden soll. So heisst es, um beim Gegenstand zu bleiben, von Aristoteles im Fihrist, p. 247, v. 2: بليغ اليونانيّين der „beredteste" unter den Griechen. Vielleicht liegt dieser Erscheinung eine Vorstellung, wie „so vornehm, beredt etc., dass anderes daneben nicht in Betracht kommt", zu Grunde.

[2] Hier ist nicht etwa an Attica zu denken, noch viel weniger daran, dass Athen aus der Vereinigung mehrerer Flecken entstanden ist. Für den Verfasser waren das Lyceum wie auch die Academie Gemeinden, und da es Teile von Athen waren, musste ihm letzteres ein Land sein. Man kann eben von der Kenntnis der Araber bezüglich der Geschichte und Geographie Griechenlands keine zu geringe Meinung haben. Als Gegenstück hierzu sei nur erwähnt, dass Abulfeda, historia anteislamica ed. Fleischer, p. 102, v. 23 Macedonien als Stadt erscheint.

[3] ἐγκύκλιος?

gering schätzten und diejenigen, welche sich damit abgaben, hart
tadelten. Zu diesen gehörten Epicur und Pythagoras.[1] Sie meinten
nämlich, dass man jener Wissenschaft für die Weisheit in keiner
Hinsicht bedürfe, weil die Grammatiker nur Schulmeister, die
Dichter nur Windbeutel und Lügner, die Redner aber Verläumder,
Begünstiger und Rabulisten wären. Als dem Aristoteles dieses zu
Ohren kam, trat er für sie ein, verteidigte die Grammatiker, Redner
und Dichter und führte ihre Sache, indem er sagte: „Die Weisheit kann ihrer Wissenschaft nicht entbehren, weil die Logik[2] das
das Instrument ihrer[3] Wissenschaft ist." Und ferner sagte er:
„Der Vorzug des Menschen vor dem Tier besteht in der Rede;
und der ist Mensch in des Wortes wahrer Bedeutung, der in seiner
Rede am treffendsten, am geschicktesten in der Darstellung des
Inhalts seiner Seele ist, der die beste Wortstellung anwendet, am
schönsten die Auswahl des Prägnanten und Lieblichen trifft. Und
weil die Weisheit das erhabenste Ding ist, so muss sie zum Ausdruck gebracht werden durch die klarste Rede, durch die beredteste
Zunge, durch den gedrängtesten Ausdruck, der fern ist von Un-
richtigkeit und Irrtum, von der Garstigkeit der Rede, von der
Hässlichkeit der Barbarismen und sprachlicher Unfähigkeit. Denn
dieses nimmt hinweg das Licht der Weisheit, macht die Mitteilung
unmöglich, verkümmert die notwendige Klarheit, verwirrt den
Hörer, vernichtet die Begriffe und erzeugt die Ungewissheit.

Nachdem er nun die Wissenschaft der Dichter, Grammatiker
und Redner absolviert und sich gründlich zu eigen gemacht hatte,
wendete er sich zu den ethischen, politischen, mathematischen,
physischen und theologischen Wissenschaften und widmete sich
ausschliesslich dem Plato und wurde sein Schüler und Lehrling.

---

[1] Dass *Pythagoras* und nicht *Protagoras*, der mit dem Ersteren öfters verwechselt wird, zu lesen ist, beweist die Schreibung bei Šahrazûri.

[2] Man achte hier wie im Folgenden auf den Doppelsinn des Wortes مَنطِق
in der gewöhnlichen Bedeutung „*vernünftige Rede*" und der hieraus abgeleiteten
technischen „*Logik*"; im Deutschen lässt sich das kaum durch ein einziges Wort
wiedergeben.

[3] *ihrer* bezieht sich hier wie vorher auf die Grammatiker etc. Der Satz
ist etwas unklar. Für آلة würde man besser غرض erwarten. Der Gedanke
ist: Die Philosophie kann der Thätigkeit der Grammatiker nicht entrathen, weil
die Logik, das Ziel der Grammatiker, das Instrument der Philosophen ist.

Er war damals siebzehn Jahre alt. Dies geschah an einem Orte, der Academie genannt wurde und zu Athen, dem Orte der Weisen, gehörte. *Und er blieb in der Lehre bei Plato zwanzig Jahre.* Er empfing aber seinen Unterricht aus dem Munde Platos selbst, welcher ihn nicht dem Unterricht seines Schülers Xenocrates[1] überliess, wie er es mit den andern machte, wegen des bedeutenden Eindrucks, den er auf ihn machte. Es pflegte aber Plato, wenn er eine Sitzung hielt und man ihn um die Eröffnung einer Disputation bat, zu sagen: „Erst wenn die Leute da sein werden." Wenn aber Aristoteles ankam, sagte er: „Redet, jetzt sind die Leute da." Oft auch sagte er: „Wenn der Intellect da sein wird." Wenn aber Aristoteles kam, sagte er: „Redet, denn der Intellect ist da." *Als aber Plato zum zweiten Male nach Sicilien ging, machte er den Aristoteles zu seinem Stellvertreter über die Lehrstätte in dem Bezirk, welcher Academie heisst.*

Als Plato gestorben war, begab sich Aristoteles an einen Ort in Athen, welcher Lyceum genannt wird, und gründete daselbst die Lehrstätte für die Philosophie, welche nach den Peripatetikern benannt ist. Es war nämlich die Ansicht Platos: „Die Übung des Körpers durch mässiges Laufen, um das Überflüssige von ihm abzulösen, gleicht der Übung der Seele durch die Philosophie, damit beide Fälle d. h. die Übung der Seele und des Körpers vereint würden. Dies empfahl er dem Aristoteles und Xenocrates, welche beide ihre Schüler in der Weisheit unterrichteten, indem alle wandelten. Daher erhielten beide nebst ihren Anhängern den Beinamen der Peripatetiker.[2] Und Xenocrates blieb in der Academie,

---

[1] Hier und auch später wird als Hauptschüler und Nachfolger Platos Xenocrates genannt. Den Speusippus, dessen auch im Fihrist und den übrigen Litteraturgeschichten keine Erwähnung geschieht, scheinen die Araber nicht gekannt zu haben. Wir sehen hierbei freilich von Bar-Hebraeus ab, der ja aber auch den arabischen Autoren nur bedingt zuzuzählen ist.

[2] Peripatetiker hiessen also bei den Arabern nicht bloss die Anhänger des Aristoteles sondern auch die Academiker. Einen weiteren Beweis hierfür mit derselben Begründung in etwas verkürzter Form liefert Alfarabi, der bei der Aufzählung der Secten in der griechischen Philosophie *Ed. Dieterici, p. 50* sagt: وأما الفرقة المسمّاة من الافعال التى كانت تظهر من اصحابها فالمشاؤون وهم اصحاب ارسطو وافلاطون وذلك ان هذين كانا يعلّمان الناس وهم يمشون كيما يرتاض البدن مع رياضة النفس. Ibn al-Qifti, der diese Einteilung der Philosophen in fast wörtlicher Übereinstimmung mit

um daselbst die Lehre Platos zu lehren. Die ganze Philosophie des Aritoteles aber, und was er an Büchern über Logik und die andern Disciplinen der Philosophie verfasst hat, hatte zum Schauplatz einen Ort, wohin er sich begeben hatte und welcher Lyceum genannt wurde. Hier deponierte er sie zur Aufbewahrung. Seine Philosophie aber und seine Bücher wurden zu jener Zeit „Wissenschaft, welche die (volle) Wahrheit zur Antwort giebt, und des Anhörens"[1] genannt.

Als aber Plato gestorben war, begab sich Aristoteles zu Hermias, dem Sklaven, dem Herrscher in Atarneus; und nachdem der Sklave gestorben war, kehrte er wieder nach Athen zurück. Da schickte Philipp zu ihm, und er begab sich zu ihm nach Macedonien und blieb daselbst, indem er die Philosophie lehrte, bis dass Alexander gegen die Länder Asiens aufbrach. Da liess Aristoteles den Kallisthenes als Nachfolger in Macedonien zurück und kehrte in das Land Athen zurück und blieb im Lyceum zehn Jahre beim Unterricht. Da stand auf wider ihn ein Mann von den Oberpriestern, namens Eurymedon, der stellte ihn als verabscheuungswürdig dar, indem er seine philosophische Richtung verleumdete und behauptete, er bete die Götter nicht an, welche zu jener Zeit angebetet wurden, und er verehre sie nicht. Der Grund hierfür war der, dass er Neid und alten Groll gegen ihn im Herzen hegte.[2] Als aber Aristoteles dieses merkte, begab er sich von Athen in sein Land,

---

Alfarabi hat, nennt als Quelle ausser letzterem noch den Ḥunain ibn Isḥâq. Šahrastânî unterscheidet zwischen Peripatetikern der Academie, den Anhängern Platos, und den Peripatikern schlechthin, den Anhängern des Aristoteles; auch giebt er einen andern Grund für das περιπατεῖν an. Es heisst bei ihm *p. 296*:

وهولاء (فلاسفة اقاذاميا) يسمون مشائين اقاذاميا واما المشاؤون المطلق هم اهل لوقين وكان افلاطون يلقّن الحكمه ماشيا تعظيما لها وتابعه على ذلك ارسطوطاليس فيسمى هو واصحابه المشائين.

[1] Vgl. zu dieser Definition Arist. Br. 4, 36b 27: τὴν τῆς ἀληθείας εὑρεσίν τε καὶ σαφήνειαν.

[2] Nach dem Zeugnis der classischen Autoren lieferte den Vorwand für die Anklage der Umstand, dass Aristoteles dem Hermias zu Ehren einen Hymnus gedichtet und seine Statue im Tempel zu Delphi aufgestellt hatte, was den Griechen bekanntlich als Blasphemie galt. Vgl. Aristoteles rec. Buhle I, 101; Rose, de Aristot. libr. ordine 116 und Stahr, Aristotelia 144. Was mit dem alten Groll gemeint ist, vermag ich nicht zu sagen.

nach Chalcidice[1] nämlich, aus Furcht, dass sie an ihm so handeln würden, wie sie an Socrates, dem Enthaltsamen, gehandelt, sofern sie ihn durch Gift getötet hatten. Und er begab sich an den erwähnten Ort, um Ebbe und Flut in der Meerenge Euripus, welche bei Euböa liegt, zu studieren und um hierüber ein Buch zu schreiben. Und dort erreichte ihn der Tod und er starb daselbst und wurde daselbst begraben. Er hatte ein Alter von 68[2] Jahren erreicht.

Als aber Philipp gestorben und sein Sohn Alexander nach ihm zur Herrschaft gekommen war und von Macedonien zur Bekriegung der Völker aufbrach und die Länder Asiens eroberte, begann Aristoteles sich zu isolieren und sich von der Verbindung mit den Angelegenheiten der Könige frei zu machen, gründete die erwähnte Schulstätte und fing an, sich um allgemeine Wohlfartseinrichtungen zu kümmern, um die Unterstützung der Schwachen, die Verheiratung der Unvermählten, die Ernährung der Waisen, die Förderung der Lern-und Bildungsbeflissenen, wer sie auch waren und welcher Disciplin der Bildung und Wissenschaft sie auch oblagen, um ihre Stipendiierung dazu, um die Almosen der Armen und die Herstellung von Verfassungen in den Staaten. So baute er die Stadt Stagira wieder auf und er war es, der den Stagiriten[3] ihre Gesetze gab. Gross war sein Ansehen unter den Menschen, hohe Ehren und ein erlauchter Rang waren ihm von den Königen zu Teil geworden. Die Stagiriten überführten seinen Leichnam, nachdem er verwest war, sammelten seine Gebeine, und legten sie in ein ehernes Gefäss und bestatteten sie an dem Orte, welcher der Aristotelische hiess. Sie machten diesen Ort zu einer Versammlungsstätte, an welcher sie sich zur Beratung in hochwichtigen und

---

[1] Natürlich ist Chalcis gemeint, wie das aus dem folgenden *Euripus* hervorgeht.

[2] Man könnte versucht sein, die Differenz zwischen dem hier angegebenen und dem wirklichen Lebensalter durch Verlesung von ثمان (wie auch IAUṣ., p. 55, 1 und Abulf., Hist. Dyn. 93, 4 und Chron. Syr. 38, 5 haben) für ثلاث zu erklären. Ich halte das nicht für zulässig in Anbetracht des Umstandes, dass auch sonst sein Lebensalter verschieden angegeben wird. Der Fihrist lässt ihn nach einer ungenannten Quelle 66, nach dem Zeugnis des Isḥaq 67 Jahre, Abu Sulaiman der Logiker bei Ibn Abi Uṣaibia' (p. 57, 20) 61 Jahre alt werden.

[3] Das لهم im arabischen Texte halte ich nicht für überflüssig; es soll andeuten, dass es auf ihren Wunsch geschah. Vgl. auch Ibn Abi Uṣaibia', *p. 55, v. 6,* der لأهلها hat.

*ernsten Angelegenheiten versammelten. Auch suchten sie Erholung
an seinem Grabe und Ruhe bei seinen Gebeinen. Und wenn ihnen
etwas aus dem Gebiete der Wissenschaft und Philosophie zu schwer
war, so kamen sie zu jener Stätte und liessen sich zur Beratung
nieder. Darauf erörterten sie ihren Gegenstand, bis dass sie
herausgebracht, was ihnen dunkel, und bis sie gewiss geworden
waren über das, was ihnen streitig gewesen war. Sie waren
nämlich der Meinung, das ihr Kommen zu dem Orte, an welchem
sich die Gebeine des Aristoteles befanden, ihren Verstand schärfe,
ihr Nachdenken berichtige, ihre Einsicht subtiler mache. Sie thaten
es aber auch, um ihn nach seinem Tode zu ehren, aus Trauer über
seinen Heimgang, aus Betrübnis über das Unglück, das sie be-
troffen, und über den Verlust der Quellen seiner Weisheit.*

Aristoteles hatte viele Schüler: Könige, Prinzen und andere.
Darunter waren Theophrast und Eudemus,[1] der König Alexander,
Herminus,[2] Aeschylus[3] und andere von den trefflichsten Männern,
die ausgezeichnet in der Wissenschaft, hervorragend in der Philosophie und berühmt durch den Adel ihres Geschlechts waren.
Nach ihm trat auf, um die von ihm redigierte Wissenschaft zu
lehren, und nahm seinen Lehrstuhl ein und erbte seinen Rang sein
Vetter[4] Theophrast und mit ihm zwei Männer, die ihn hierbei
unterstützten und seine Amanuenses waren, Herminus der eine,

---

[1] Es gab zwei Träger dieses Namens, die zu Aristoteles in Beziehung
standen, einen ältern aus Cyprus, dem Aristoteles seinen Dialog περὶ ψυχῆς
gewidmet und nach ihm Eudemos genannt hat, und einen jüngern aus Rhodus,
den Verfasser oder Herausgeber der Ἠϑικὰ Εὐδήμεια. Hier ist natürlich der
letztere gemeint, der auch bei der Nachfolgerschaft des Aristoteles in Frage
kam und dem Theophrast mit der bekannten Motivierung, der Rhodische Wein
sei stark, der Lesbische aber süsser, nachgesetzt wurde.

[2] Hier liegt ein grober Anachronismus zu Grunde. Gedacht kann nur
an den namhaften Peripatetiker Herminus werden, der um die Mitte des zweiten
nachchristlichen Jahrhunderts lebte und der Lehrer des Alexander von Aphrodisias (nach Fihrist, p. 289 auch des Galenus) war.

[3] So ist wahrscheinlich zu lesen. Ich kann den Mann sonst nicht nachweisen.

[4] Eigentlich *Mutterschwestersohn.* Nach dem Fihrist (ابن أختـه) und Qifṭi
(ابن أخيه) wäre er sein Neffe. Doch hat IAUṣ., dessen Artikel „Theophrast"
sonst mit dem des Fihrist fast wörtlich übereinstimmt, wie Qifṭi ابن خالتـه.
A. Müller (Die griechischen Philosopen cet., p. 11, Anm. b) vermutet wohl mit
Recht, dass dieses verwandtschaftliche Verhältnis durch Verwechselung mit Plato
und Speusippos veranlasst sei.

Aeschylus der andere; sie verfassten viele Bücher über Logik und Philosophie. An Kindern hinterliess Aristoteles einen kleinen Sohn, namens Nicomachus, sowie eine kleine Tochter. Auch hinterliess er ein grosses Vermögen, viele Sklaven, Sklavinnen und anderes. Zu seinem Testamentsvollstrecker machte er den Antipater nebst einer Anzahl von seinen Genossen, die ihn unterstützen sollten. Dem Theophrast stellte er frei, an der Testamentsvollstreckung und an der Verwaltung mit ihnen Teil zu nehmen, wenn ihm das möglich sein sollte.

Aristoteles verfasste viele Werke, gegen hundert. Man berichtet aber, dass er ausser diesen hundert noch andere Werke verfasst habe. Dazu gehören zwanzig Werke, die wir gesehen haben und die sich noch heute in den Händen der Menschen befinden, nämlich: acht Bücher über Logik, acht Bücher über Physik, ein Buch über Ethik, ein Buch über die Staatsverfassungen, ein grosses Buch, die Metaphysik, welches unter dem Namen Theologie d. h. göttliche Rede bekannt ist, und ein Buch der mathematischen Mechanik. Ferner gehören dazu die Briefe und vertraulichen Schreiben[1], darunter eine grosse Anzahl solcher, deren Namen auf uns gekommen ist, die wir selbst aber nicht mehr gesehen haben.[2]

---

[1] Mit عهود scheint der Ausdruck συστατικαὶ ἐπιστολαὶ *epistolae familiares* in der Vita Ammonii (Buhle I, 47) wiedergegeben zu sein.

[2] Dieser Abschnitt über die litterarische Thätigkeit des Aristoteles ist wohl der einzige von Mubaššir selbst herrührende. Bei der Betrachtung desselben ist zu bedenken, dass das arabische Wort كتاب mit Werk oder Schrift nicht mit Buch (als Teil eines Ganzen) wiederzugeben ist, welches letztere im Arabischen stets مقالة heisst. (Lidzbarski, de propheticis, quae dicuntur, legendis arabicis, p. 49, vindiciert für Buch in dieser Bedeutung den Ausdruck باب. Doch باب ist qualitativ, bezeichnet also einen inhaltlich abgeschlossenen Teil eines Werkes ohne Rücksicht auf seine Ausdehnung. مقالة ist rein quantitativ, bezeichnet also einen gewissen Abschnitt eines einheitlichen Ganzen ohne Rücksicht auf den Inhalt.) Zu den logischen Schriften, dem sogenannten Organon, rechnen die Araber folgende acht Werke: 1) κατηγορίαι, 2) περὶ ἑρμηνείας, 3) ἀναλυτικά, 4) ἀποδεικτικά (Analytica posteriora), 5) τοπικά, 6) σοφιστικά, 7) ῥητορικά, 8) ποιητικά. Die Griechen zählen bekanntlich nur die sechs ersten dazu. Wie die acht physischen Schriften herauskommen, lässt sich nicht mit Sicherheit ausmachen. Der Fihrist zählt nur folgende sieben auf: 1) φυσικὴ ἀκρόασις, 2) περὶ οὐρανοῦ καὶ κόσμου, 3) περὶ γενέσεως καὶ φθορᾶς, 4) μετεωρολογικά, 5) περὶ ψυχῆς, 6) περὶ αἰσθήσεως, 7) περὶ ζῴων. Ja'qûbî (ed. Houtsma, I, 148 ff.) scheidet zwischen physischen und psychologischen Schriften. Zu den ersteren zählt er die Nrn. 1—4, ferner die beiden Schriften

Als ihn Plato wegen seiner Publicationen und Werke über die Philosophie tadelte,da sagte er zu seiner Entschuldigung folgendes:[2] „Was die Kinder und Erben der Philosophie anlangt, so ist es nicht nötig, dass wir ihnen etwas vorenthalten; was aber ihre Feinde und Verächter betrifft, so können sie nicht zur Philosophie gelangen wegen ihrer Unbekanntschaft mit dem Inhalt der Philosophie, wegen ihrer Abneigung und ihrem Widerwillen gegen sie, weil sie ihnen zu schwer ist. Ich habe aber die Philosophie, wiewohl ich sie dargestellt habe, uneinnehmbar befestigt, dass die Thoren sie nicht übersteigen, die Unwissenden nicht zu ihr gelangen, die Zerfahrenen sich ihrer nicht bemächtigen können. Und ich habe sie in eine Ordnung gebracht, die für Weise keine Schwierigkeit bildet, von der aber Läugner und Lügner keinen Nutzen haben."[1]

περὶ μετάλλων und περὶ φυτῶν. Zu den psychologischen die Nrn. 5 und 6 unserer Aufzählung. Er hat also im Vergleich mit dem Fihrist mehr: περὶ μετάλλων und περὶ φυτῶν; dagegen fehlt ihm das Werk περὶ ζώων. Bei Uṣaibi'a beträgt die Zahl seiner physischen Schriften gar zehn. Ausser den sieben des Fihrist hat er noch περὶ φυτῶν, ferner das „Buch der Gesundheit und Krankheit" und das „Buch der Jugend und des Greisenalters". Zu bemerken ist noch, dass die im Griechischen getrennten Schriften περὶ οὐρανοῦ und περὶ κόσμου im Arabischen zu einer vereinigt erscheinen. Mit dem كتاب السياسة المدنيّة sind die Πολιτεῖαι, nicht die Πολιτικd gemeint. Mas'ûdî (Tanbih ed. de Goeje, p. 78, 12) sagt darüber: *In diesem Buche hat er die Verfassung vieler Völker und Staaten erzählt, sowohl griechischer Völker und Staaten, wie nichtgriechischer. Es wird im Griechischen Πολιτεῖαι genannt. Die Zahl der erwähnten Völker und Staaten beträgt 170.* (Nach griechischem Berichte sind es bekanntlich nur 158 Verfassungen, die Aristoteles bespricht.) Das كتاب الحيل ist von Wenrich (p. 159) nicht verstanden und mit *de fallacia* sive *de ratiociniis fallacibus* wiedergegeben.

[1] Nachricht von dieser Correspondenz der beiden Philosophen erhalten wir auch durch Alfarabi, der nach einer ausführlichen Darlegung ihrer verschiedenen Schreibweise *p. 7 der Ed. Dieterici* sagt: تكفينا رسالته المعروفة الى افلاطون فى جواب ما كان افلاطون كتب اليه به يعاتبه على تاليفه الكتب وترتيبه العلوم واخراجه فى تاليفاته الكاملة المستقصاة فانه يصرح فى هذه الرسالة الى افلاطون ويقول انى وان دونت هذه العلوم والحكم المضمونة بها فقد رتّبتها ترتيبا لا يتعلم اليها لا اهلها وعبرت عنها بعبارات لا يحيط بنوها لا Das Antwortschreiben des Aristoteles kann durch diese oder die von Mubaśśir angeführten Worte nicht erschöpft gewesen sein, muss vielmehr einen gewissen Umfang gehabt haben, wenn anders es von Al-Farâbî als رسالته المعروفة bezeichnet werden durfte. Aber auch als Citate daraus kann ich weder den Passus bei Mubaśśir noch den bei Al-Farâbî gelten lassen, obzwar beide in der ersten Person referieren; es fehlt

Aristoteles war weiss, ein wenig kahlköpfig, schön von Statur,
starkknochig, hatte kleine Augen, einen dichten Bart, blauschwarze
Augen, eine Adlernase, einen kleinen Mund, eine breite Brust. Er
war eilig in seinem Gange, wenn er allein, langsam, wenn seine
Begleiter mit ihm waren. Er studierte beständig in den Büchern,
redete keinen Unsinn, verweilte bei jedem Worte, schwieg lange
bei einer Frage, ehe er Antwort gab. In den Stunden des Tages
begab er sich auf die Felder hinaus und zu den Flüssen hin. Er
liebte die Musik und die Gesellschaft der Mathematiker und Dia-
lectiker.[1] Er war gerecht gegen sich selbst und gestand in der
Disputation ein, wo er das Richtige getroffen und wo er geirrt
hatte. Er war mässig in Kleidung, Essen, Trinken, Liebesgenuss
und in seinen Passionen.[2] In seiner Hand hielt er ein Instrument
für Sterne und Stunden.

Er starb im Alter von achtundsechzig Jahren.[3]

---

dazu bei der völligen Identität des Sinnes die notwendige Gleichheit im Ausdruck. Wir werden sie also als Inhaltsresumés anzusehen haben, die von den
arabischen Autoren der Lebhaftigkeit ihres Naturells entsprechend oft in directer
Rede gegeben werden. Zu bemerken bleibt noch, dass nach Plutarch, Alex. c. 7
und Andronicus bei Gellius 20, 5 diese Correspondenz zwischen Alexander und
Aristoteles stattgefunden hat. (S. Rose, fragm. no. 662 und Arist. Berl. IV, 26a,
27.) Dennoch halte ich es nicht für richtig, diese Discrepanz durch die Annahme einer blossen Namensverwechselung im Arabischen zu erklären. Denn
das Requisit des Dunkeln und Verschlossenen in philosophischen Schriften,
dessen angebliches Fehlen bei Aristoteles dem Plato den Anlass zum Tadel
gab, wird den Schriften des letzteren von den Arabern ausdrücklich nachgerühmt.
So heisst es bei Qifti im Artikel Plato: صنّف كتبا كثيرة مشهورة فى فنون
الحكمة وذهب فيها الى الرمز والاغلاق. *Er verfasste viele berühmte Bücher in*
den Disciplinen der Philosophie und befleissigte sich dabei der aenigmatischen und ver-
schlossenen Redeweise. Und bei Uṣaibi'a, p. 50, 28 liest man: وكان يرمز حكمته
ويسترها ويتكلّم بها ملغوزة حتى لا يظهر مقصده إلّا لذوى الحكمة.
Er pflegte seine Philosophie in allegorischer Form vorzutragen, sie zu verhüllen und in
das Gewand des Mythus zu kleiden, so dass sein Endzweck nur von den Philosophen
erkannt wurde.

[1] Ob die arabischen Ausdrücke so nach der Intention des Übersetzers
wiedergegeben sind, lässt sich natürlich nicht ausmachen. Statt *Mathematiker*
könnte es auch *Moralisten* heissen. Möglich auch, dass durch die beiden
arabischen Ausdrücke griechisches γυμνασταί καὶ παλαισταί wiedergegeben ist.
(Vgl. Dozy sub رياضىّ.)

[2] Es ist das griechische κινήματα.

[3] Die Berliner Hs. hat am Schlusse noch die Worte صورة أرسطوطاليس
وبيده أسطرلاب *Gestalt des Aristoteles mit einem Astrolab in seiner Hand* sowie

Untersuchungen.

Die in der Einleitung aufgezählten Biographien scheiden sich, was die äussere Form anlangt, in zwei Gruppen. Während von den Autoren die einen die Angaben ihrer Quellen unvermittelt nebeneinanderstellen, ohne auch nur den Versuch einer Verschmelzung zu machen, versuchen die andern, ihre Quellenschriften nach Möglichkeit in Übereinstimmung zu bringen und einer höhern Einheit zuzuführen. Zu den erstern gehören An-Nadim, Qifṭi und Ibn Abi Uṣaibiʿa, zu den letzteren Abu-l-Faraǧ und besonders Mubaššir. Wir werden die Untersuchung zwekmässig mit der ersten Gruppe beginnen und zunächst die Vita im Fihrist, die älteste aller uns erhaltenen Biographien, einer genaueren Betrachtung unterziehen.

Nach einer Erklärung des Wortes Aristoteles, die, weil jedem Gebildeten bekannt, keiner näheren Quellenangabe bedurfte, geht An-Nadim auf die Abstammung des Philosophen ein und giebt seinen Gewährsmann hierfür mit folgenden Worten an: كذا ذكر بطلميوس الغريب قال *So erzählt das Ptolemäus der Fremde und er sagt weiter.*

Ptolemäus! Der Name zeigt, dass wir seinen Träger im classischen Altertum zu suchen haben. Leider schweigt sich dasselbe über diesen Biographen des Aristoteles fast völlig aus. Nur zweimal können wir ihn mit einem der zahllosen Ptolemäer, die uns in der classischen Litteratur begegnen, mit Sicherheit identificieren. In der *Vita Aristotelis ex codice Marciano*[1] sowie in der *Vetus Translatio,*[2] einer modificierten Übersetzung der Biographie

---

einen leeren Platz für das in diesem Codex nicht ausgeführte Bild des Philosophen. Von einigen anderen Weisen, wie Homer, Diogenes etc., ist das Bild wirklich hingemalt. Steinschneider hat also wohl kaum Recht, wenn er *p. 206 seines Alfarabi* der Übersetzung „Ich sah in einigen Werken die Figur des Aristoteles" noch „Beschreibung der" hinzufügen zu müssen glaubt. Es ist auch hier das wirkliche Bild gemeint.

[1] und [2] Die Stellen s. Arist. Berl. V, 1463. Übrigens bin ich mit Zeller (Gesch. d. griech. Philos., III₃, S. 54, Anm. 2) der Meinung, dass man in dem ebenda abgedruckten Citat aus David zu Unrecht aus Πτολεμαῖος ὁ φιλάδελφος einen Πτολεμαῖος ὁ φιλόσοφος zu machen versucht hat. David hat gewiss den König Ptolemäus für den Verfasser des Pinax gehalten.

des Pseudo-Ammonius, wird neben Andronicus Rhodius auf unsern Ptolemäus als Überlieferer des Testamentes des Philosophen sowie eines Index seiner Schriften hingewiesen.[1] Bei Sextus Empiricus[2] begegnet uns ein Peripatetiker Ptolemäus, der gegenüber der Definition der Grammatik als ἐμπειρία, wie sie Dionysius Thrax giebt, dieselbe als τέχνη angesehen wissen will. Über das Verhältnis dieses zum Vorstehenden wird weiter unten die Rede sein. Einen Peripatetiker Ptolemäus erwähnt auch Longin[3] als seinen Zeitgenossen. Da er aber ausdrücklich von ihm erzählt, dass er Schriftliches von Bedeutung nicht hinterlassen habe, so kann er mit unserm Biographen nicht gut identisch sein. Aber auch mit dem bei Sextus Empiricus erwähnten Ptolemäus ihn zu identificieren verbieten die Zeitumstände. Denn wenn ihn Longin, dessen Blüthe um die Mitte des 3. Jahrhunderts fällt, als Zeitgenossen bezeichnet, so konnte er wohl schwerlich von Sextus, der ca 60 — 70 Jahre früher schrieb, citiert werden.

Unendlich viel häufiger begegnen wir unserm Ptolemäus in der arabischen Litteratur. An-Nadim[4] erwähnt ihn unter den فلاسفة طبيعيّين مع den Worten: ارسطاليس يتوالى وكان الغريب بطلميوس وينشر محاسنه وله من الكتب كتاب اخبار ارسطاليس ووفاته ومراتب كتبه. *Ptolemäus der Fremde; er warf sich zum Beschützer des Aristoteles auf und verbreitete seine Verdienste. Von Werken hat er verfasst „Nachrichten über Aristoteles und sein Ende und die Reihenfolge seiner Schriften".* In etwas anderer Form begegnet uns dieser Titel bei Ibn Abi Uṣaibiʿa,[5] wo es heisst: بطلميوس وقال فى كتابه الى غلس فى سيرة ارسطوطاليس وخبره ووصيته وفهرست

---

[1] Rose (de Arist. libr. ord., p. 45) hält denselben für identisch mit dem von Jamblich, Proclus und Priscian citierten Neuplatoniker Ptolemäus, ohne indess für seine Ansicht Gründe beizubringen. Neuerdings hat diese Ansicht einen Vertreter gefunden in A. Busse, der (Hermes, Bd. 28, p. 263) zwei Argumente, beide dem Arabischen entnommen, zur Erweisung des Neuplatonismus dieses Ptolemäus ins Feld führt: den im Fihrist von ihm überlieferten Ausspruch, dass Aristoteles der ausgezeichnetste Gelehrte nach Plato gewesen sei, und die ebenfalls auf ihn zurückgehende Erzählung, dass Aristoteles durch das delphische Orakel an Plato gewiesen sei.

[2] adv. mathematicos, I., 60 und 72.

[3] Bei Porphyr, vita Plotini c. 20.

[4] p. 255.

[5] Ed. Müller, p. 54.

كتبه المشهورة. *Und es sagte Ptolemäus in seinem Buche an Gallus*[1] *über die Lebensnachrichten des Aristoteles, sein Testament und den Catalog seiner berühmten Werke.* Qifṭi widmet ihm sub voce هذا رجل بطلميوس الغريب einen besonderen Artikel. Es heisst da:

حكيم فى وقته فيلسوف ببلاد الروم فى زمانه ليس هو مؤلّف المجسطى وكان هذا يوالى ارسطوطاليس ويُحِبّه وينصر له على من يعاديه ويفيد علومه لمن طلبها منه وكان له ذكر فى اوانه واشتهار بهذا الشان والبطالسة من الملوك والعلمآء جماعة وكانوا يتخصّصون كلّ واحد بصفة زائدة على التسمية ليتميّز بها ومن كثرة عناية هذا الحكيم بأرسطوطاليس صنّف كتاب اخبار ارسطوطاليس ووقاته ومراتب كتبه.

Ptolemäus der Fremde. Dieser war ein weiser Mann in seiner Zeit und ein Philosoph in dem Lande der Griechen in seiner Epoche. Er ist nicht der Verfasser des Almagest. Er war mit Aristoteles befreundet[2] *und liebte ihn und verteidigte ihn gegen Jedermann, der ihn anfeindete, und vermittelte seine Wissenschaft einem jeden, der sie von ihm zu erlangen suchte. Und er hatte dadurch einen Ruf zu seiner Zeit und Berühmtheit. Der Ptolemäer sowohl unter den Königen wie unter den Gelehrten gab es eine ganze Anzahl. Deshalb wurde jeder einzelne zur Benamsung durch Zusatzbezeichnung specialisiert, damit er sich dadurch von den andern unterscheide. Als Frucht seiner eifrigen Beschäftigung mit Aristoteles verfasste er ein Werk „Nachrichten über Aristoteles, sein Ende und die Ordnung seiner Schriften".*

Alle diese Nachrichten über diesen Mann, so ergiebig sie auf den ersten Blick zu sein scheinen, sind bei näherem Zusehen doch recht inhaltslos, da sie jeder präcisen Angabe von Zeit und Ort

---

[1] Vgl. A. Müller in: Morgenländ. Forschungen, p. 5.

[2] A. Müller (die griechischen Philosophen etc., p. 9, Anm. e) vermuthet, dass das يوالى bei Qifṭi durch ein Missverständniss aus dem يتوالى in der oben mitgeteilten Stelle des Fihrist entstanden ist. Als Consequenz hieraus ergebe sich meiner Ansicht nach nicht nur, dass Qifṭi alle übrigen Notizen über Ptolemäus ex ingenio gegeben, sondern auch, dass die Araber nur das Werk des Ptolemäus selbst gekannt und daraus das, was sie über seine Persönlichkeit geben, einfach erschlossen haben. Ich bin jedoch der Ansicht, dass Qifṭi für diesen Artikel den Fihrist nicht benutzt, beide vielmehr aus einer Quelle geschöpft haben, die An-Nadim mehr summarisch, Qifṭi genauer wiedergiebt.

entbehren.[1] Und wir würden, wenn wir hierauf allein angewiesen wären, auf die Feststellung oder Identificierung dieses Ptolemäus gänzlich verzichten müssen. Glücklicherweise bietet sich uns noch ein anderer Weg dar, der, so offen er daliegt, noch von keinem Gelehrten benutzt worden ist. Ptolemäus führt in der arabischen Litteratur, wie wir schon mehrfach zu sehen Gelegenheit gehabt haben, den Beinamen الغريب *der Fremde.* Dass dieses Epitheton ihm nicht von den Arabern beigelegt sein kann, wie dies Stein-schneider[2] anzunehmen scheint, der dieses Wort als der „sonst Unbekannte" wohl im Gegensatz zu Ptolemäus Claudius aufgefasst wissen will, liegt wohl auf der Hand. Zum Überflusse haben wir noch in den oben mitgeteilten Worten Qifṭis ein direktes Zeugnis hierfür, wenn es heisst: *Der Ptolemäer sowohl unter den Königen wie unter den Gelehrten gab es eine ganze Anzahl. Deshalb wurde jeder Einzelne durch eine Zusatzbezeichnung specialisiert,*[3] was sich doch füglich nur auf die Zeit beziehen kann, zu der diese Ptole-mäer gelebt haben. Welches griechische Wort enspricht nun diesem غريب? Die Antwort ist ξένος, welches sich begrifflich mit غريب volkommen deckt. Nun ist uns zwar kein Ptolemäus bekannt, der einen solchen Beinamen geführt hätte, wohl aber ein Ptolemäus Chennos, mit dem ich denn auch unsern Biographen zu identificieren kein Bedenken trage. Ξ und X konnten zumal in Majuskeln bei flüchtigem Lesen sehr leicht verwechselt werden. Möglich auch, dass der Übersetzer das Wort richtig gelesen, seine Bedeutung aber nicht verstanden, und es deshalb für eine dialectische cder barbaristische Nebenform von Ξένος gehalten und durch غريب wiedergegeben hat. Einmal durch seine Feder sanctioniert, blieb dieses Wort bei den Arabern, zumal sie ja nur die Übersetzung benutzten, ständiges Epitheton des Mannes.[4]

---

[1] Der Ausdruck بلاد الروم von Steinschneider (Arist. V., 1463) etwas farblos mit *in provincia Rum* übersetzt kann hierfür nicht gelten. Mit diesem Ausdruck bezeichnen die Araber das griechisch-römische Weltreich seit Augustus. Vgl. Abulfaraǵ ed. Pococke, p. 107 ff. Die Stadt Rom heisst bekanntlich رومية.

[2] Al-Farabi, p. 25, Anm. 19.

[3] Vgl. auch Mas'ûdi, prairies d'or 2, 292 u. 297 u. a. Histor.

[4] Meine Arbeit war bereits druckfertig, als mir ein Aufsatz von A. Busse im 28. Bande des Hermes zu Gesicht kam, aus dem ich (p. 264) ersehe, dass Christ auf demselben Wege wie ich zu den Vermutungen über die Persönlichkeit

Aber noch ein weiteres Moment lässt sich als Stütze für meine
Ansicht geltend machen. Ptolemäus soll, wie Ibn Abi Uṣaibiʻa und
Qifṭi berichten, sein Werk einem gewissen Gallus gewidmet haben.
Da nun Gallus ein häufiges Cognomen vornehmer römischer Familien
und zwar nur solcher war, so hat es einen hohen Grad von
Wahrscheinlichkeit für sich, dass der Verfasser in Rom selbst
gelebt habe, was denn auch für Ptolemäus Chennos, der in der
That als Grammatiker in Rom lebte, vorzüglich passt.

Die Würdigung seiner Persönlichkeit und seiner litterarischen
Bedeutung gehört in die griechische Litteraturgeschichte. Hier
soll nur noch ein Punkt zur Sprache gebracht werden. Es
könnte vielleicht Wunder nehmen, dass Ptolemäus Chennos, dessen
Thätigkeit der Hauptsache nach auf grammatichem Gebiete lag,
sich mit dem Leben des Aristoteles sowie mit der Ordnung
seiner Schriften befasst habe, also doch auf dem Gebiete der Philosophie beschlagen gewesen sein soll. Aber gerade diese Verbindung zwischen Philosophie und Grammatik finden wir auch
bei dem von Sextus Empiricus erwähnten Ptolemäus, der ausdrücklich als Peripatetiker bezeichnet, aber als Autorität in einer gram-
matischen Frage citiert wird. Da sein Leben durch Dionysius
Thrax als *terminus, a quo* und durch Sextus als *terminus, ante
quem* begrenzt wird, so möchte ich auch ihn mit Ptolemäus Chennos identificiert wissen. Ptolemäus Chennos also ist die Hauptquelle der Araber für ihre Nachrichten über Aristoteles. Alle

---

unseres Ptolemäus gekommen ist, die er in seiner Geschichte der griechischen
Litteratur, p. 400 u. 634, ausgesprochen hat. Dass Busse sich gegen diese Identificierung ablehnend verhält, soll uns nicht kümmern. Wenn er aber, vielleicht
unter dem Einfluss Steinschneiders annehmen zu müssen glaubt, das Ptolemäus
den Beinamen الغريب erst im Arabischen erhalten habe, so irrt er, wie ich
oben nachgewiesen habe. Curios aber ist es, dass er denselben aus Qifṭi ent-
nommenen Satz als Stütze für seine Ansicht citiert, den ich zum Beweise des
Gegenteils beigebracht habe. Ich begreife nicht, wie ein so jeder Schwierigkeit
barer Satz in dieser Weise missverstanden werden kann. Abgesehen davon,
dass der Zusammenhang und der Sinn des Satzes die von mir gegebene Inter-
pretation mit Notwendigkeit erheischt, so verbietet doch geradezu das Tempus
distinguebant, das genau und allein dem arabischen كانوا يخصّصون entspricht,
die Beziehung des *distinguere* auf die Araber. Es müsste dann doch zum
mindesten خصّصوا *distinxerunt* heissen.

Biographen, soweit sie überhaupt Quellen angeben, citieren ihn und bringen ihn teils mehr teils minder vollständig. In der von uns eingangs edierten Vita bei al-Mubaššir rühren diejenigen Partieen von Ptolemäus her, die in der Übersetzung in cursivem Drucke erscheinen.[1]

Der Titel des Ptolemäischen Werkes wird, wie wir gesehen, von An-Nadim und Ibn Abi Uṣaibi'a verschieden angegeben. Zweifellos ist die Form im Fihrist die authentische. Ich lege kein Gewicht darauf, dass der Titel bei Qifṭi in genau derselben Form erscheint, da ja wohl beide dieselbe Quelle benutzt haben. Aber einmal ist An-Nadim in der Angabe der Titel stets sehr praecise; andrerseits ist aus der Form des Titels bei Ibn Abi Uṣaibi'a unschwer zu erkennen, dass er den Titel nicht in Gänsefüsschen, wenn ich so sagen darf, geben, sondern das Buch nur seinem Inhalte nach skizzieren wollte; daher auch die Erwähnung des Adressaten, der jedenfalls von Ptolemäus nur in der Vorrede genannt worden ist.

Es kann nun die Frage aufgeworfen werden, ob die arabischen Litterarhistoriker das Werk des Ptolemäus im Urtext oder in der Übersetzung benutzt haben. Der Fihrist giebt hierüber keinen Aufschluss. Wir haben oben bereits die Existenz einer Übersetzung

---

[1] Für die Bestimmung der Ptolemäischen Bestandteile der Mubašširvita war mir der Bericht des IAUṣaibi'a massgebend, den Steinschneider in seinem Al-Farabi p. 195 ff übersetzt hat. Diesen Bericht in seiner ganzen Ausdehnung für Ptolemäisch zu halten, darf uns der Umstand nicht abhalten, dass Uṣ. den Fortgang der Erzählung des öftern mit „man sagt," „es giebt Leute, welche sagen" u. s. w. unterbricht. Für einen Fall lässt sich die Ptolemäische Autorschaft einer mit solcher Floskel eingeleiteten Notiz mit positiver Sicherheit erweisen. Die Meldung, wonach Aristoteles auf Geheiss des Pythischen Orakels dem Plato übergeben sei, leitet Uṣ. mit den Worten „es giebt Leute, welche sagen" ein, während der Fihrist hierfür direct den Ptolemäus als Gewährsmann nennt. Diese Eigentümlichkeit des Uṣ. findet ihre einfache Erklärung wahrscheinlich darin, dass Ptolemäus an den betreffenden Stellen sich selbst auf Gewährsmänner berufen haben wird. Ein Plus gegenüber den von Mubaššir aus Ptolemäus gebrachten biographischen Notizen hat der Bericht des Uṣ. in der Aufzählung der verschiedenen Gründe, die für den Anschluss des Aristoteles an Plato bestimmend gewesen sein sollen, sowie in der Erzählung von dem wunderbaren Hergang bei der Aufstellung der dem Aristoteles wegen seiner grossen Verdienste um die Stadt decretierten Statue auf der Acropolis zu Athen.

stillschweigend vorausgesetzt. Wie steht es nun damit? Man braucht nicht soweit zu gehen wie A. Müller, der im XXXI Bande der Zeitschrift der Deutschen Morgenländischen Gesellschaft p. 526—27 sogar an den griechischen Sprachkenntnissen des grössten aller Übersetzer, des berühmten Ḥunain gezweifelt hat; immerhin darf kühnlich behauptet werden, dass auch den gebildeten Arabern die griechische Sprache eine terra incognita gewesen ist. Griechisch war eben in den Lehrplan der arabischen Akademien nicht aufgenommen. Nur diejenigen verstanden diese Sprache, die entweder in einer Stadt oder Gegend aufgewachsen waren, wo die Bevölkerung noch griechisch sprach, oder die ein glücklicher Zufall nach Griechenland oder nach Ländern griechischer Zunge selbst geführt hatte.[1] Aber das waren natürlich nur sehr wenige, und zwar fast ausschliesslich nestorianische Syrer. Wenn ein mit der griechischen Litteratur so relativ gut vertrauter Mann, wie An-Nadim als Übersetzung des Wortes Aristoteleles zunächst محبّة الحكمة d. i. φιλόσοφος giebt, dann fortfährt ويقال *auch soll es bedeuten* und dann noch einmal ويقال bringt, so geht daraus meiner Ansicht nach hervor, dass er auch nicht einen leisen Schimmer vom Griechischen gehabt habe. Aber in unserm speciellen Falle haben wir noch ein weiteres Kriterium für die Erweisung der Übersetzung: die teilweise wörtliche Übereinstimmung in den Berichten nach Ptolemäus, die, da an eine gegenseitige Entlehnung wegen der Berufung auf Ptolemäus als Gewährsmann nicht zu denken ist, nur durch die Existenz einer Übersetzung erklärt werden kann. Hier nur einige Proben dafür:

---

[1] So berichtet Abu-l-Farag von Ḥunain *Ed. Pococke p. 263*: توجه الى بلاد الروم واقام بها سنتين حتى احكم اللغة اليونانيّة. *Er begab sich in das Land der Griechen und blieb daselbst zwei Jahre, bis dass er die griechische Sprache vollkommen erlernt hatte.* Ich weiss nicht, ob es ein anderer Bericht, oder nur eine präcisere Fassung des vorigen ist, wenn Ibn Abi Uṣaibi'a *Ed. Müller p. 189* von ihm sagt: تعلم لسان اليونانيّين بلاسكندرية *Er lernte die griechische Sprache in Alexandria.* Jedenfalls halte ich daraus den Schluss für zulässig, dass zu jener Zeit, also noch zwei Jahrhunderte nach der arabischen Eroberung, in Alexandria noch griechisch gesprochen wurde.

Fihrist	Mubaššir	Ibn Abi Uṣaibi'a
	وكان يرجع بنسبه من نيقوماخس ... الى أُسقلبيادس ... وأصل أمّه أيضا يرجع ـ النسب الى استقلبيادس ...	وكان نيقوماخس يرجع فى نسبه الى اسقليبيوس ... وكان أصل أمّه أفسطيا أيضا يرجع فى النسبة الى أُسقليبيوس ...
	ولمّا توفّى افلاطون سار أرسطوطاليس إلى أرميَاس اغادم الوالى بأترنوس ولمّا مات اغادم رجع إلى أثينية فأرسل إليه فيلبس فصار إليه إلى ماقذونيا فلبث بها يعلّم ...	لمّا توفّى فلاطن سار الى أرميَاس اغادم الوالى كان على أترنوس ثمّ لمّا مات هذا اغادم رجع إلى أثينس ... فأرسل اليه فيلبس فصار إلى ماقدونيا فلبث بها تعلّم
... فيلبس لمّا توفّى وملك الاسكندر وتوجّه إلى محاربة الأمم تخلّى أرسطاليس وتبتّل وصار إلى أثينية فهيّأ موضعا للتعليم ... وأقبل على العناية بمصالح الناس ورفد الضعفآء وجدّد بنى مدينة باسطاغيريا ...	ولمّا مات فيلبس وملك الاسكندر ابنه بعده وشخص عن ماقذونيا لمحاربة الأمم وحاز بلاد آسيا صار ارسطوطاليس إلى التبتّل والتخلّى عن الاتّصال بامور الملوك فهيّأ موضع التعليم ... فأقبل على العناية بمصالح الناس ورفد الضعفآء ... وجدّد بنآء مدينة اصطاغيرا ...	ولمّا ان مات فيلبس وملك الاسكندر بعده وشخص عن بـلاده لمحاربة الأمم وحاز بلاد آسيا صار أسطوطاليس الى التبتّل والتخلّى ممّا كان فيه من الاتّصال بأمور الملوك والملابسة لهم وصار إلى أثينية فهيّأ موضع التعليم ... وأُقبل على العناية بمصالح الناس ورفد الضعفآء ... رجدّد بنآء مدينته وهى مدينة اسطاغيرا ...

Nachdem wir so den Nachweis geführt, dass eine arabische Übersetzung des Werkes existierte, hat uns nun weiter die Frage zu beschäftigen, ob dieselbe direkt aus dem Griechischen gemacht, oder aber durch die Vermittelung der üblichen Durchgangsstufe, des Syrischen nämlich, entstanden ist. Es liegt auf der Hand, dass diese Frage, wenn überhaupt, nur auf Grund sprachlicher Indicien entschieden werden kann. Sehen wir uns einmal um, ob wir solche finden. Bei Ibn Abi Uṣaibi'a lesen wir: ثتّا ان رجلا من الكهنة الذين يسمّون الكمرِّيِّين يقال له أُوروماذِن اراد السعايَة بأرسطوطاليس الح. Vergleichen wir hierzu die griechischen Nachrichten, so sehen wir, dass durch das arabische كهنة das griechische Wort ἱερεῖς, durch كمرِّيُون aber ἱεροφάνται wiedergegeben wird. Ist nun schon كاهن keine ganz passende Übersetzung des griechischen ἱερεύς[1] — ist doch auch dem Islam der Begriff des griechisch-heidnischen wie des jüdisch-christlichen Priestertums fremd — so ist es bei dem كمرِّيُون mit der Weisheit des Arabisten 'vollends zu Ende. Eine sehr einfache Lösung dieser Schwierigkeit bietet sich in der Annahme dar, dass das griechische Original zuerst ins Syrische übertragen worden ist. Hier sind nämlich ܟܗܢܐ und ܟܘܡܪܐ[2] recht adaequate Übersetzungen von ἱερεύς und ἱεροφάντης. Bei der weiteren Übertragung ins Arabische ist dann das Wort ܟܗܢܐ durch das, der Wurzel nach gleiche, in der Bedeutung aber verschiedene كاهن wiedergegeben, ܟܘܡܪܐ aber, womit der Übersetzer nichts rechtes anzufangen wusste, als Fremdwort übernommen worden. So ersehen wir aus dieser einen Stelle, dass das Werk des Ptolemäus nicht nur ins Syrische übersetzt, sondern auch, dass es erst aus dem Syrischen von einem andern Übersetzer — denn der erste hätte wohl wieder das griechische Original zu Grunde gelegt — ins Arabische übertragen ist.

Wir haben im Vorstehenden gesehen, dass Ptolemäus al-Ġarīb die Hauptquelle für sämmtlichen arabischen Aristotelesbiographen ist, gleichviel ob sie ihn citieren oder nicht, ob sie direct aus ihm schöpfen oder nicht, wir haben seine Identität mit dem

---

[1] Vgl. zum Worte كاهن Wellhausen, Skizzen u. Vorarbeiten Heft 3, p. 128 ff.

[2] Direct von dieser Form, nicht erst von ܟܘܡܪܐ, wie A. Müller (Sitzber. d. philos. philol. Cl. der k. bayer. Akad. d. Wiss. 1884 p. 966) will, ist das arabische Wort abzuleiten. Vgl. zu كُمُرِّى auch Mas'udi, Tanbih ed. de Goeje, p. 162, 3.

Ptolemäus Chennos des klassischen Altertums erwiesen und das Schicksal seiner Schrift bis zur Übersetzung ins Arabische verfolgt. Es erübrigt noch als zweiter Teil unserer Arbeit, die wenigen nicht von Ptolemäus stammenden Nachrichten der Araber über den Stagiriten zu prüfen und soweit als angängig auf ihre Quellen zu untersuchen. Zu diesen Nachrichten gehören:

1. Die Erzählung von dem Jugendunterricht des Aristoteles (bei Mubaššir);

2. Details aus dem Unterricht bei Plato (bei Mubaššir);

3. der Ursprung des Namens Peripatetiker (bei Mubaššir);

4. die Gründe für die Wahl von Chalcis als Verbannungsort (bei Mubaššir);

5. die Erzählung von dem Tadel des Aristoteles durch Plato wegen seiner litterarischen Publicationen (bei Mubaššir);

6. die Aufzählung der Schüler des Aristoteles (bei Mubaššir und Qifṭi);

7. die Beschreibung der Gestalt des Aristoteles (bei Mubaššir und Qifṭi);

8. die Anecdote „Plato quidem amicus etc." (bei Qifṭi und Abu-l-Faraǵ).

Dass diese Nachrichten aus einer andern Quelle stammen, dafür haben wir zwei gewichtige Argumente. Sicher hätte Ibn Abi Uṣaibi'a nicht noch den Mubaššir für diese Notizen, soweit er sie giebt, als Gewährsmann gebracht, wenn er sie bei Ptolemäus, dessen Bericht er zuvor giebt, gefunden hätte. Allerdings darf nicht verschwiegen werden, dass er doch auch gewisse Sachen nach Mubaššir bringt, die aus Ptolemäus geschöpft sind, veranlasst wahrscheinlich durch die freiere Form, die dieselben bei ersterem haben. Hierher gehört z. B. die Erzählung von der Überführung der Gebeine des Aristoteles von Chalcis nach Stagira, die Ibn Abi Uṣaibi'a nach Ptolemäus kurz, ausführlich nach Mubaššir giebt. Ein noch sicherer Beweis jedoch ist die Doppelquelligkeit bei Mubaššir selbst, die sich nicht selten zu directem Widerspruch zuspitzt. Man vergleiche den in der Darstellung unmittelbar auf einander folgenden doppelten Bericht über das Verfahren des Aristoteles nach dem Tode Platos. Zuerst heisst es: „Als Plato gestorben war, begab sich Aristoteles an einen Ort in Athen, welcher Lyceum heisst u. s. w." Unmittelbar

darauf: „Als aber Plato gestorben war, begab sich Aristoteles zu
Hermias u. s. w." Ferner ist beachtenswert die doppelte Erwähnung
von der Thronbesteigung Alexanders. Als Consequenz der ersten Erwähnung wird die Rückkehr des Aristoteles nach Athen und die
neuerliche Übernahme des Lehramts im Lyceum, als Resultat der
zweiten die social-politische Thätigkeit des Philosophen unter der
Ägide seines grossen Zöglings erzählt. Die Gründung der peripa-
tetischen Schule soll nach dem Bericht des Ptolemäus bei Ibn
Abi Uṣaibi'a nach der Rückkehr Platos von seiner zweiten Sicilien-
reise, nach der Erzählung des Mubaŝŝir aber erst nach dem Tode
Platos erfolgt sein; nun heisst es aber weiter bei Mubaŝŝir: „Die
ganze Philosophie des Aristoteles aber und was er an Büchern
über Logik und die andern Disciplinen der Philosophie verfasst
hat, hatte zum Schauplatz einen Ort, wohin er sich begeben hatte
und welcher Lyceum genannt wurde." Das heisst mit der obigen
Nachricht zusammengehalten: Aristoteles schriftstellerte erst nach
dem Tode Platos. Wie konnte ihn da aber Plato wegen seiner
Publicationen tadeln, wie doch bei demselben Mubaŝŝir zu lesen ist?
Ergo: Mubaŝŝir hat in seinem Berichte mindestens zwei Quellen
verschmolzen und zwar nicht sehr geschickt. Gehen wir jetzt zu
der Betrachtung der Nachrichten im Einzelnen über.

Die Erzählung von dem Unterricht des Aristoteles bei den
Grammatikern, Rednern und Dichtern findet sich ausser bei Mubaŝŝir
in keinem classischen oder arabischen Autor. Dass sie jedoch nicht
arabische Erfindung ist, sondern aus dem Griechischen stammt, dafür
spricht eine ganze Reihe sachlicher Indicien. Dahin gehört zunächst
die Bezeichnung der Sprachwissenschaft als die „umfassende" (wahrscheinlich das griechische ἐγκύκλιος), die sicher jedem noch so gebildeten Araber unbekannt gewesen ist; dahin gehört ferner die
Nachricht von der Befehdung der Grammatiker und Redner durch
Epicur und Pythagoras. Mögen die Namen auch corrumpiert oder,
wenn richtig überliefert, wenig zu den thatsächlichen Verhältnissen
passen, die Mitteilung ist zu speciell, als dass sie von einem Araber
fingiert sein könnte. Schliesslich ist das Postulat des Prägnanten
und Lieblichen (letzteres zweifellos das griechische ἡδύς) in der dem
Aristoteles in den Mund gelegten Verteidigung der Redner und
Dichter echt griechisch und steht gerade im Gegensatz zur arabischen

Anschauungsweise, welche das Weitschweifige und Blumenreiche als Characteristicum einer schönen Rede ansieht. Der griechische Ursprung dieser Erzählung ist nach alledem wohl zweifellos.[1]

Auch für die von Mubaššir mitgeteilten Nachrichen über das Verhältniss des Aristoteles zu seinem Lehrer Plato lassen sich die Anfänge in der griechischen Litteratur nachweisen. So wird dem arabischen عقل entsprechend bei Philoponos[2] Aristoteles von Plato als νοῦς τῆς διατριβῆς bezeichnet. Das Prototyp der arabischen Erzählung bildet die Anecdote in der Vita des Cod. Marc. (Rose, Arist. fragm. 428, 3) θαμὰ γὰρ Πλάτων ἔλεγεν „ἀπίωμεν εἰς τὴν τοῦ ἀναγνώστου οἰκίαν" καὶ ἀπόντος τῆς ἀκροάσεως ἀνεβόα ὁ νοῦς ἄπεστι, κωφὸν τἀκρωτήριον.[3]

Dass Plato sich mit dem Unterricht des Aristoteles selbst befasst habe, während er die übrigen in die Academie Eintretenden an Xenocrates verwies, wird zwar durch kein besonderes Zeugnis der classischen Litteratur erhärtet. Doch ist es wohl nichts anderes als eine weitere Ausspinnung der Thatsache, dass Aristoteles zum engeren Zirkel der Schüler Platos, zur ἀκρόασις, gehörte. In directem Widerspruch hierzu stehen allerdings die Worte Aelians[4]: Ἅπερ οὖν ὁρῶν ὁ Πλάτων οὐ προσίετο τὸν ἄνδρα· προετίμα δὲ αὐτοῦ Ξενοκράτην, καὶ Σπεύσιππον, καὶ Ἀμύκλαν, καὶ ἄλλους, τῇ τε λοιπῇ δεξιούμενος αὐτοὺς τιμῇ, καὶ οὖν καὶ τῇ κοινωνίᾳ τῶν λόγων. Was sonst von griechischen Anecdotensammlern über das Verhältniss der beiden Männer zu einander, namentlich über die Undankbarkeit des Schülers gegen den Lehrer gefaselt worden ist, interessieit uns hier nicht.[5]

---

[1] Täusche ich mich nicht, so haben wir übrigens die Rudimente dieses arabischen Berichts in folgenden Worten der Vita des Pseudo-Ammonius (Rose, Arist. fragm. 438, 6) ὁ μὲν οὖν Ἀριστοτέλης ἔτι νέος ὢν τὴν τῶν ἐλευθέρων παιδείαν ἐπαιδεύετο, ὡς δηλοῖ τὰ γεγραμμένα αὐτῷ περὶ ποιητικῶν καὶ πρὸς ποιητάς, ἔτι μέντοι τὰ Ὁμήρου προβλήματα καὶ αἱ ῥητορικαὶ τέχναι. Auch geht es dann dem arabischen genau entsprechend weiter Ἑπτακαίδεκα δὲ ἐτῶν γενόμενος κτλ. Vgl. auch den noch ausführlicheren Bericht der Vita des Codex Marcianus (Rose, l. c. 427, 3) hierüber sowie die Vetus translatio (Rose, l. c. 443, 4 und 444, 9). wo es heisst: *ablatis 17 annis quibus studuit in trivio.*

[2] De aeternitate mundi adversus Proclum II, 27.

[3] Vgl. Steinschneider, Al-Farabi 204, Anm. 10.

[4] Var. histor. III, 19.

[5] Vgl. Aelian. Var. hist. IV, 9 u. sonst.

Während nach des Ptolemäus Bericht bei Ibn Abi Uṣaibi'a Aristoteles sich bereits nach der Rückkehr Platos aus Sicilien eine eigene Lehrstätte im Lyceum gründete, soll nach Mubašširs ungenannter Quelle dieses erst nach Platos Tode geschehen sein. Im Anschluss daran wird bei Mubaššir die Entstehung des Namens Peripatetiker erzählt. Dass Šahristânî und Al-Farabî einen im wesentlichen hiermit übereinstimmenden Bericht geben, haben wir bereits in den Anmerkungen zur Übersetzung der Mubašširvita gesehen. Doch ist auch diese Version von der Genesis des Namens Peripatetiker, die Plato als den Stifter derselben angesehen wissen will, nicht arabische Erfindung, findet sich vielmehr schon bei den Autoren des Neuplatonismus, der in seinem Bestreben, zwischen Aristoteles und Plato zu vermitteln, sogar zu solchen lächerlichen Äusserlichkeiten hinabstieg. So lesen wir bei Ammonius[1]: τὸ δὲ τῶν Περιπατητικῶν ὄνομα ἐκ τοιαύτης γέγονεν αἰτίας· φασὶν ὅτι ὁ θεῖος Πλάτων ἐν Ἀκαδημίᾳ βαδίζων ἐποιεῖτο τὰς πρὸς τοὺς ἑταίρους συνουσίας διὰ τὸ τὸ σῶμα ἐπιτήδειον ποιεῖν διὰ τῶν γυμνασίων πρὸς ψυχῆς ἔλλαμψιν· ὡς γὰρ ἂν ἔχῃ τὸ ὄργανον, οὕτως καὶ ἡ ἐνέργεια τοῦ τεχνίτου διαφαίνεται. καὶ τούτου χάριν ἐλέγοντο Περιπατητικοί. μετὰ γοῦν τὴν τοῦ Πλάτωνος τελευτὴν διεδέξαντο τὴν διατριβὴν αὐτοῦ ὅ τε Ἀριστοτέλης καὶ ὁ Ξενοκράτης, καὶ ὁ μὲν Ἀριστοτέλης ἐν Λυκείῳ ὁ δὲ Ξενοκράτης ἐν τῇ Ἀκαδημίᾳ. ἐλέγοντο οὖν οἱ μὲν τοῦ Ἀριστοτέλους Περιπατητικοὶ ἐκ Λυκείου, οἱ δὲ τοῦ Ξενοκράτους Περιπατητικοὶ ἐξ Ἀκαδημίας. ὕστερον δὲ οἱ μὲν τοῦ Ἀριστοτέλους ἀπέλαβον τὴν ἐκ τῆς ἐνεργείας ἐπωνυμίαν τὴν ἐκ τοῦ τόπου ἀπολέσαντες καὶ ἐκλήθησαν Περιπατητικοί, οἱ δὲ τοῦ Ξενοκράτους τὴν ἐκ τοῦ τόπου ἀπολαβόντες καὶ τὴν ἐκ τῆς ἐνεργείας ἀπολέσαντες ἐκλήθησαν Ἀκαδημαϊκοί. Dass der erste Teil dieses Berichts sich dem Sinne nach ziemlich genau mit den Worten Mubašširs, der zweite mit dem Bericht bei Šahristânî deckt, lehrt eine einfache Vergleichung. Aehnlicher noch und mit der Mubašširstelle auch dem Wortlaut nach noch mehr harmonierend ist der folgende Bericht Davids in seinem Commentar zu des Aristoteles Categorien[2]: ὡς οἱ Περιπατητικοὶ ἀπὸ τοῦ Πλάτωνος κατὰ περίπατον τὴν συνουσίαν

---

[1] In Porphyrii Isagogen ed. Busse, p. 46.
[2] Aristot. Br. IV, 23b 44. Vgl. auch 24a 5 u. 35a 42.

ποιουμένου διὰ τὸ ἅμα τῇ ψυχῇ τὸ σῶμα γυμνάζειν κτλ. Ob
wir indess diesen Bericht Davids als die Quelle für die arabische
Erzählung anzusehen haben, bleibt bei aller Ähnlichkeit doch die
Frage. Dafür spricht der Umstand, dass diese Stelle bei David
in der Einteilung der Philosophenschulen in sieben Klassen nach
sieben verschiedenen Gesichtspunkten vorkommt, eine Einteilung,
welche auch den Arabern bekannt gewesen ist und uns z. B. bei
Faràbi[1] und Qifṭi begegnet. Dagegen die Thatsache, dass im
Verfolg dieser Stelle als Mittelglied in der Schulleitung zwischen
Plato einerseits und Xenocrates und Aristoteles andrerseits Speu-
sippus genannt wird, der, wie wir oben[2] gesehen haben, den
Arabern unbekannt gewesen zu sein scheint.

Dass Aristoteles gerade Chalcis als Verbannungsort wählte,
hatte nach Mubaššir seinen Grund darin, dass er hier das Wesen
von Ebbe und Flut studieren wollte. Auch hierfür liegen eine
ganze Anzahl classischer Zeugnisse vor. Justinus Martyr,[3] Procop[4]
und Gregor von Nazianz[5] berichten übereinstimmend, dass Aristoteles aus Schmerz und Verzweiflung darüber, dass er die Ursachen
von Ebbe und Flut im Euripus nicht ergründen konnte, gestorben
sei.[6] Später fand man diesen Tod nicht mehr romantisch genug;
man liess ihn sich von einem Felsen in den Euripus hinabstürzen,
ja man kannte sogar seine letzten Worte, wie wir denn bei Elias
Cretensis,[7] dem Commentator des Gregor von Nazianz, lesen:
„Aristoteles ... rerum omnium, ut videtur, naturam perscrutatus,
Euripi quoque naturam indagare et cognoscere voluit. Quam cum
assequi non potuisset, in hanc maris partem se praecipitem dedit,
atque interiit, his verbis utens: Quoniam Aristoteles Euripum mi-
nime cepit, Aristotelem Euripus habeat."

Was den arabischen Bericht über die Gestalt des Aristoteles
anlangt, so urteilt A. Müller[8] darüber so: „Übrigens ist Aristoteles,
der lieblingsphilosoph des morgenlandes, den die Araber den

---

[1] Ed. Dieterici p. 49.   [2] p. 13, Anm. 1.   [3] Cohortatio ad Graecos c. 36.
[4] De bello Gothico IV, 6.   [5] Opera, Ed. Colon. I, 79.

[6] Nach dem „Buch d. Naturgegenstände" *hrsg. v. Ahrens* (Nr. 88) war es
Plato, und zwar, wie wohl der Hrsg. mit Recht vermutet, weil Aristoteles als
der Verfasser des Buches galt.

[7] Ed. Colon. II, 507.

[8] Die Griechischen Philosophen, p. 45 unten.

3

ersten lehrer nennen, der einzige, von dem sie sich auch ein äusseres bild, natürlich aus eigener phantasie, zu machen versucht haben, wie die characteristische, der Griechischen überlieferung, so mager sie ist, zum teil geradezu hohn sprechende schilderung ... zeigt." Ich kann diesem Urteil nicht beipflichten. Wenn man die bei Stahr[1] zusammengestellten Nachrichten der Alten über die äussere Erscheinung des Philosophen mit dem arabischen Bericht vergleicht, so wird man zugeben müssen, dass sie um nichts besser oder schlechter sind als die Angaben des letzteren. Zu beachten bleibt noch, dass auch nach des Atheners Thimotheus[2] Bericht Aristoteles μικρόμματος *klein an Augen* gewesen sein soll. Wenn im Gegensatz zum arabischen Berichte, wonach Aristoteles einen dichten Bart gehabt haben soll, Thimotheus und Aelian übereinstimmend berichten, dass er sich die Barthaare sorgfältig abscheeren liess, so muss darauf hingewiesen werden, dass aus dem Altertum neben Bildnissen, die den Philosophen bartlos darstellen, auch ein solches, auf dem er mit Kopfbedeckung und langem Bart erscheint, erhalten ist.[3] Mag man nun auch einwenden, dass den Schilderungen bei den classischen Autoren, insbesondere dem zum Schlusse der Vita Menagiana erwähnten giftigen Epigramm,[4] Spottsucht oder Gehässigkeit zu Grunde liegt, so muss doch andrerseits betont werden, dass auch der arabische Bericht manches enthält, was zu der Annahme arabischer Erfindung schlecht passen will. Hierher gehört z. B. die Notiz, dass Aristoteles weiss war. A. Müller[5] bemerkt dazu: „nach Arabischen begriffen und im gegensaz zu der sonnengebräunten farbe dieses volkes." Aber war das nicht vielmehr ein Characteristicum des ganzen griechischen Volkes, und nicht des einzelnen Aristoteles? Klingt das aus dem Munde eines Arabers nicht eben so albern, als wenn wir bei der Beschreibung eines Mohrenfürsten hervorheben würden, dass er schwarz ist? Ich kann deshalb nicht umhin, auch für diese arabische

---

[1] Aristotelia, p. 160 ff.
[2] Bei Diogenes Laertius.
[3] J. Gronov: Thesaur. Ant. Graecar. Vol. II, N. 90.
[4] Aristotelis opera omnia rec. Buhle, I, 67:

$$\text{Σμυκρὸς, φαλακρὸς, τραυλὸς ὁ Σταγειρίτης,}$$
$$\text{Λαγνὸς, προγάστωρ, παλλακαῖς συνημμένος.}$$

[5] l. c., p. 46, Anm. 1.

Schilderung in ihrem Grundstock wenigstens griechischen Ursprung in Anspruch zu nehmen.[1]

Anders freilich steht die Sache mit dem Berichte über die Schüler des Aristoteles. Man wird kaum einem griechischen Autor, auch nicht der spätesten Zeit, eine solche Unwissenheit zutrauen dürfen, dass er Männer zu Schülern des Philosophen macht, die durch einen Zeitraum von fünfhundert Jahren von ihm getrennt sind. Anders die Araber bezüglich der griechischen Chronologie, die, wie wir oben zu sehen Gelegenheit hatten, z. B. auch den Ptolemäus al-Ġarib zum Schüler des Aristoteles machen. Eine Corruption der überlieferten Namen scheint mir nicht vorzuliegen, wenngleich ich den erwähnten Aeschylus nicht zu identificieren vermag. Wollte man den griechischen Ursprung dieser Nachricht festhalten, so müsste man annehmen, dass eine irgendwo erwähnte Reihe von Peripatetikern irrtümlich zu Schülern des Aristoteles gestempelt worden ist. Allein dagegen spricht der Umstand, dass Herminus und Aeschylus ausdrücklich als Unterstützer Theophrasts bei der Schulleitung angegeben werden.

Über den Ursprung der von Abu-l-Faraġ[2] in seiner vita Aristotelis mitgeteilten Anecdote *amicus Plato cet.* ist Stahr, *Aristotelia p. 59* nachzusehen. Dass die Anecdote an die Differenz, die zwischen den beiden Philosophen bezüglich der Seelenwanderungslehre bestand, angeknüpft wird, darf nicht Wunder nehmen. Gipfelte doch für die Orientalen gerade in dieser Differenz der Unterschied zwischen der Philosophie Platos und Aristoteles. So

---

[1] Als letzte Quelle aller dieser Nachrichten werden wir wohl die physiognomischen Schriften der Griechen zu betrachten haben. Sie waren natürlich auch den Arabern bei ihrer Vorliebe für die Physiognomik wohlbekannt. Da liegt denn die Vermutung nahe, dass die letzteren je nach dem Characterbilde, das sie sich von dem betreffenden Philosophen u. s. w. (ausser dieser Schilderung des Aristoteles giebt Useibi'a noch solche von Asclepius I, 16, Hippocrates I, 28, Socrates I, 47, Plato I, 51, Galen I, 87) machten, die entsprechenden Körpereigenschaften den physiognomischen Schriften entnahmen und darnach die ihnen überkommenen, vielleicht schon aus derselben Quelle stammenden griechischen Schilderungen vervollständigten.

[2] Historia dynastiarum ed. Pococke, p. 92 unten: يقول فى ابطاله
التناسخ افلاطون صديق والحق ايضا صديق فاذا لحظتهما كان اختيارى
واكرامى للحق.

erzählt derselbe Abu-l-Farag̃ in seinem syrischen Chronicum [1], dass aus Anlass dieses Widerspruchs Plato bei der Designierung seines Nachfolgers dem Speusippus den Vorzug vor Aristoteles gegeben habe. Dieser Differenz geschieht auch bei Šahristâni [2] Erwähnung, und Farâbi [3] versucht den nach ihm nur scheinbaren Widerspruch zu vermitteln.

Wenn wir die soeben im Einzelnen durchgegangenen Nachrichten vergleichen, so kann es uns kaum entgehen, dass sie alle eine gewisse Ähnlichkeit besitzen, dass sie als characteristische Gesammteigentümlichkeit einen Stich ins Anecdotenhafte haben. Sie sind dem uns auch sonst begegnenden, psychologisch begreiflichen Bestreben entsprungen, das Leben grosser Männer und insbesondere der Geistesheroen bis in die kleinsten Details zu schildern. Wo die Quellen hierfür versiegen, da wird dann den Umständen gemäss erfunden. Manche dieser legendarischen Sagen mögen sich wohl bald nach dem Tode des Philosophen um seine Persönlichkeit herumkrystallisiert haben, wie z. B. seine Todesart selbst. Perizonius [4] hat daher meine Billigung nicht, wenn er meint, dass dieselbe erst von den Kirchenvätern in majorem Dei gloriam erfunden sei. Was nun die Übermittelung dieser Nachrichten an die Araber anlangt, so zweifele ich wegen der erwähnten Gleichartigkeit nicht, dass sie ihnen aus einer einzigen Quelle zugegangen sind. Wer freilich diese Quelle war, wird sich auf Grund des vorliegenden Materials schwerlich mit Sicherheit constatieren lassen. Nur soviel scheint mir festzustehen, dass dieselbe neuplatonischen Ursprungs gewesen ist.

Wir haben bereits gesehen, dass die Nachricht von dem Ursprung der Peripatetiker, wie sie Mubaššir und Šahristâni geben, aus dem Commentar des Ammonius zur Isagoge des Porphyrius, also aus einer neuplatonischen Quelle, stammt. Aber auch darin stimmen ja Mubaššir und Ammonius überein, dass mit Übergehung

---

[1] Ed. Kirsch, p. 36: ܘܡܢ ܕܪ̈ܘܿܬܝ̈ܗ ܣܓܝ̈ܐܐ ܣܩܘܒܠܝ̈ܘܬܐ ܓܝܪ ܐܝܬ ܗܘܐ ܒܝܢܬܗ̈ܘܢ ܐܝܟ ܗܿܝ ܐܢܛܝܣܛܪܦܐ ܕܡܩܒܠܝܢ ܐܠܝܗ ܠܐ ܥܝܪ ܠܐ ܐܠܐ ܡܛܠ ܕܐܦ ܗܘ̣ܐ ܠܐ ܡܩܒܠ ܗܘܐ ܡ̈ܠܘܗܝ .ܠܒ̈ܘܝܐ

[2] Ed. Cureton, p. 286.

[3] Ed. Dieterici, p. 31.

[4] Zu Aelian. Var. Hist. III, 36.

des Speusippus Xenocrates als unmittelbarer Nachfolger Platos in der Academie erscheint. Und weist nicht auch die Erwähnung des innigen Verhältnisses zwischen dem Lehrer Plato und dem Schüler Aristoteles, wie wir sie in unserer Mubašširvita finden, sowie die daselbst erzählte Geschichte von dem wohlgemeinten Tadel, den Plato dem Aristoteles wegen seiner Publicationen philosophischen Inhalts zukommen liess und auf den Aristoteles „sich entschuldigend" antwortete, — beides in directem Gegensatz zu den sonstigen Nachrichten der classischen Autoren, die das Verhältnis zwischen beiden als ein recht unerquickliches schildern — auf den Neuplatonismus hin, der in dem Nachweis, dass zwischen den beiden grössten Geistern der griechischen Philosophie die schönste Harmonie bestanden habe, eine Hauptaufgabe sah? Den neuplatonischen Ursprung dieser Berichte zugegeben, hat man auch einen *terminus, post quem* für den Autor: die Zeit des Porphyrius. Denn mit Porphyrius hob bekanntlich jene zweite Periode des Neuplatonismus an, die den Aristoteles in den Vordergrund der Betrachtung stellte und auf die Commentierung seiner Schriften mehr Zeit verwandte als auf die platonischen. Vielleicht gehen wir nicht fehl, wenn wir in Porphyrius selbst den Autor des fraglichen Werkes vermuten. Seine φιλόσοφος ἱστορία war ja auch den Arabern wohlbekannt und wird schon im Fihrist aufgeführt. Leider behandelte dieselbe, wie wir aus classischen Zeugnissen wissen, die Geschichte der Philosophie nur bis zum Tode Platos.

Nun führt aber Wenrich[1] unter den den Arabern bekannten Schriften Porphyrs auch ein كتاب اختصار فلسفة ارسطاطاليس *philosophiae Aristoteleae compendium* auf. In dieser Schrift würde der Verfasser eine passende Gelegenheit gehabt haben, als Einleitung

---

[1] *De auctorum graecorum versionibus cet. p. 283.* Die Quelle hierfür vermag ich leider nicht nachzuweisen. Steinschneider vermutet deshalb nach persönlicher Mitteilung, dass dieser Titel aus dem ibid. p. 281 erwähnten كتاب اخبار الفلاسفة الخ *philosophorum historia* verderbt sei. Allein nach einer Corruptel sieht mir dieser Titel, den ja auch eine Schrift des Nicolaus Damascenus (Fihrist, p. 254, v. 4) führt, nicht aus. Dass das Werk in der classischen Litteratur nicht erwähnt wird, darf uns nicht stören. Geschieht doch auch des im Folgenden citierten Werkes Theons bei den classischen Autoren keine Erwähnung, wiewohl sich seine Spuren in der classischen Litteratur noch nachweisen lassen (s. unten, p. 45 ff.).

eine Biographie des Aristoteles vorauszuschicken. Möglich also, dass dieses Werk bei den Arabern für die Aristotelesforschung dieselbe Bedeutung gehabt hat, wie des Theon قراءة مراتب كتاب كتب فلاطن واسمآء ما صنّفه *Über die Reihenfolge, in welcher man die Werke Platos lesen soll, und über ihre Titel* als Einleitung in die Philosophie Platos.

Ich schliesse diese Abhandlung, indem ich einer Ansicht Ausdruck gebe, die mir im Verlaufe dieser Untersuchungen zur Gewissheit geworden ist und im Gegensatz zur Meinung A. Müllers steht: Die Araber haben weder jemals eine selbständige Schrift auf den Namen eines griechischen Autors gefälscht noch einzelne von griechischen Personen oder Verhältnissen mitgeteilte That-sachen erfunden. Alles, was sie darüber berichten, wird sich immer irgendwie auf griechische Quellen zurückführen lassen.

II.

Theon in der orientalischen Litteratur.

Von den mehr als einem Dutzend Träger des Namens Theon, die uns in der griechischen Litteratur begegnen, sind den Arabern eigentlich nur zwei näher bekannt geworden: der Smyrnäer und der Alexandriner.[1] Da nun die arabischen Berichte über diese beiden Männer noch einiges über die griechischen Nachrichten hinausgehende Material enthalten, auch hier und da der Richtigstellung bedürfen, so möchte es nicht unangebracht erscheinen, dasselbe in Nachfolgendem zusammenzustellen.

A.

Der hier in Betracht kommende Alexandriner Theon heisst bei Suidas ὁ ἐκ τοῦ Μουσείου, Αἰγύπτιος, φιλόσοφος. Nadîm im Fihrist[2] bezeichnet ihn einfach als den „Alexàndriner", war ihm ja doch auch nur dieser Alexandriner Theon bekannt. Qifṭi leitet seinen Artikel Theon, dessen bibliographischer Teil eine wörtliche Wiedergabe des Artikels aus dem Fihrist ist, mit folgenden Worten ein: *Theon der Alexandriner, der Aegyptier war ein Geometer und Mathematiker zu seiner Zeit; er war berühmt zu seiner Zeit und in seinem Lande, wie auch ausserhalb desselben; seine Schriften verbreiteten sich über alle Welt.* Dem Berichte Qifṭis folgt, wie gewöhnlich, Barhebräus;[3] wo er abweichendes oder mehr giebt, da beruht das, wenn ich recht sehe, auf eigener Bekanntschaft mit dem mitzuteilenden Werke oder auf eigener Combination. Der Eingang seiner Notiz über Theon ist folgender:

---

[1] Über zwei weitere s. Steinschneider in „Centralblatt f. Bibliothekswesen", Beiheft 12, p. 17.

[2] p. 268 unten.

[3] Chron. Syr. ed. Paris, p. 54.

Auch Theon der Geometer lebte zu dieser Zeit. Es giebt aber einige von seinen Werken, die beinahe in der ganzen Welt berühmt geworden sind. Was nun die Zeit des Mannes anlangt, so nennt ihn Suidas einen σύγχρονος δὲ Πάππῳ τῷ φιλοσόφῳ, καὶ αὐτῷ Ἀλεξανδρεῖ· ἐτύγχανον δὲ ἀμφότεροι ἐπὶ Θεοδοσίου βασιλέως τοῦ πρεσβυτέρου. Da nun die Regierung dieses Theodosius von 379—95 währte, so fiele seine Wirksamkeit um 380 p. Ch.[1] Qifṭi begnügt sich mit der Angabe eines *terminus, post quem;* er sagt von ihm: *Er lebte aber nach Ptolemäus.* Anders liegt die Sache bei Barhebräus. Dieser führt ihn unter der Regierung des Kaisers Titus Antoninus Pius als Zeitgenossen von Galen, Claudius Ptolemäus und Alexander von Aphrodisias auf. Nach dem Grunde hierfür brauchen wir nicht lange zu suchen; Barhebräus giebt ihn an einer anderen Stelle selbst. Er sagt in seiner Historia Dynastiarum, p. 124: *Und weil des Mathematikers Theon aus Alexandria im Almagest, des Ptolemäus aber im Kanon Erwähnung geschieht, so ergiebt sich daraus, dass beide Zeitgenossen waren.* Und in der That wird im Almagest[2] ein Mathematiker Theon citiert. Schade nur, dass dies nicht der Alexandriner sondern der Smyrnäer ist. Es ist das eine Verwechselung, die, wie wir sehen werden, dem guten Barhebräus noch ein zweites Mal passiert.

Von den Schriften Theons zählt Suidas folgende auf:

1) Περὶ σημείων καὶ σκοπῆς ὀρνέων καὶ τῆς τῶν κοράκων φωνῆς;

2) Περὶ τῆς τοῦ Κυνὸς ἐπιτολῆς;

3) Περὶ τῆς τοῦ Νείλου ἀναβάσεως.

Alle drei scheinen ins Arabische nicht übertragen zu sein.

4) Εἰς τὸν Πτολεμαίου πρόχειρον κανόνα.

Diese Schrift führt der Fihrist unter dem Titel كتاب جداول زيج بطلميوس المعروف بالقانون *Tabellen zur* κανὼν πρόχειρος *genannten Tafel des Ptolemäus* auf.

Es geht hieraus nicht hervor, ob wir es nur mit den Ergänzungstafeln Theons, den fasti consulares u. s. w. zu thun haben, oder ob ein wirklicher Commentar zum Ptolemäischen Kanon,

---

[1] Weitere Daten zur Bestimmung seines Lebens s. bei van der Hagen, Observationes in Theonis fastos cet. p. 2.

[2] IX, cap. 9 und X, cap. 1.

deren Theon ja zwei, davon einen in fünf Büchern, verfasst hat, gemeint ist. Jedenfalls ist es zweifellos, dass Nadim noch das Verhältnis zwischen Ptolemäus und Theon in der Herstellung und Fortsetzung resp. Commentierung der κανόνες gekannt hat. Ob dies auch für Barhebräus zutrifft, bleibt bei Betrachtung der Titel, unter denen er das in Rede stehende Werk aufführt, zunächst unbestimmt. Er bezeichnet es nämlich in seiner „Historia Dynastiarum"[1] als الزيج المسمّى بالقانون *Tafel, Kanon genannt.* Noch kürzer gar ist der Titel im „Chronicon Syriacum", wo es einfach als ܟܬܒܐ ܕܟܢܘܢ *Kanon* erscheint. Aber auch bei anderen arabischen Autoren findet sich diese kurze Bezeichnung, indem es bald als „Zaiǵ", bald als „Kanon Theons" citiert wird.[2] Um nun festzustellen, was die Araber unter diesem „Zaiǵ" des Theon verstanden haben, wird es notwendig sein, ihre Berichte darüber näher ins Auge zu fassen. Bei Mas'ûdî in den „Goldenen Wiesen"[3] lesen wir folgendes: *Ptolemäus, der Verfasser des Almagest, hat die Chronologie seines Werkes von der Zeit Nabopolassars, des Marzeban des Westens, Theon, der Verfasser des astronomischen Kanons, die seinige von der Regierung Alexanders, des Sohnes des Philipp, des Macedoniers, datiert.* Die in Bezug auf die Datierung Theons etwas ungenaue Angabe — man erwartet etwas wie: vom Tode Alexanders — finden wir berichtigt bei Ḥaǵǵî Ḥalfa Nr. 6471,[4] wo es heisst: ... *Theon wandte in seinem Kanon benannten Zaiǵ die Ära Philipps, des Griechen, des Architecten,[5] des Bruders des Ḏu-l-Karnain, an.* Wenn wir nun im griechischen Commentar Theons zu den κανόνες πρόχειροι des Ptolemäus lesen, dass dieser seine Chronologie ἀπὸ τοῦ πρώτου ἔτους Φιλίππου τοῦ μετὰ Ἀλέξανδρον τὸν κτίστην datiert habe, so ist damit wohl bewiesen, dass der Zaiǵ des Theon die κανόνες πρόχειροι des Ptolemäus enthalten habe. Eine Bekräftigung erhält dieses Ergebnis noch durch den Umstand, dass kein arabischer Litterar-

---

[1] p. 124.

[2] Vgl. Ḥaǵǵî Ḥalfa III., 470 Nr. 6471, IIL, 563 Nr. 6941; Albêrûni p. 28, 9; Mas'ûdi, Tanbih ed. de Goeje 112, 1; 136, 17; 222, 5 u. sonst.

[3] II., p. 123.

[4] III., 470.

[5] In dem arabischen فيلتبس البنآء dürften wir wohl eine Corruptel aus Φίλιππος ὁ μετὰ Ἀλέξανδρον τὸν κτίστην zu erblicken haben.

historiker in seinem Catalog Ptolemäischer Schriften diese κανόνες aufführt.

Wie kamen dann aber die Araber dazu, diese Tafeln dem Theon zuzuschreiben? Etwa, weil sie den Ptolemäus als Verfasser solcher Tafeln nicht kannten? Keineswegs. Denn sowohl an-Nadim, wie wir aus dem zu Eingang dieser Untersuchung stehenden Titel aus dem Fihrist ersehen, wie auch al-Fargânî[1] kennen den Kanon des Ptolemäus. Am deutlichsten aber spricht sich über das Verhältnis Theons zu Ptolemäus Mas'ûdî in seinem Tanbih[2] aus: *Und in seinen* (des Antoninus Pius) *Tagen lebte Ptolemäus Claudius, der Verfasser . . . des Kanon, auf Grund dessen Theon aus Alexandria weitergearbeitet hat.* Aus dieser Stelle scheint mir hervorzugehen, dass das von den Arabern mit „Zaíǵ des Theon" bezeichnete Opus sowohl den Ptolemäischen Kanon, als auch den Commentar und die Ergänzungstafeln Theons umfasst habe, sodass sich also diese Benennung aus demselben Gesichtspunkte erklärt, unter welchem wir ja auch so vielfach Werke unter dem Namen des Herausgebers citieren. Wem aber diese Tanbihstelle zur Begründung der Annahme, dass auch Theons Commentar und Erweiterungstafeln in dem Zaíǵ enthalten gewesen sind, nicht genügt, der sei zum Überfluss darauf hingewiesen, dass, wie wir aus dem Referat, das Barhebräus über das Buch giebt, ersehen, Ptolemäus darin citiert wird.[3] Aber auch über die Richtung, in der sich die Commentierung Theons bewegte, giebt uns das schon erwähnte Tanbih[4] einigen Aufschluss. Während nach des Ptolemäus Königsliste die Zahl der griechischen Herrscher von Philipp bis zur

---

[1] Ed. Golius, p. 6.

[2] p. 129, 2.

[3] Es heisst da so: „Darin hat er niedergelegt die Methode für die Berechnung der Veränderung der tropischen Punkte, derart, dass sie alle achtzig Jahre einen Grad vorrücken bis zu acht Graden und dann wieder umkehren; das fand aber nicht die Billigung des Ptolemäus, weil ohne diese Hinzufügung die Berechnungen für die durch die Beobachtungsinstrumente gemachten Beobachtungen stimmten." Beiläufig bemerke ich, dass auch in diesem Referat ein grobes Missverständnis liegt. Nach Barhebr. muss man annehmen, dass Theon selbst der Vertreter der von Ptolemäus zurückgewiesenen Theorie sei, während in Wirklichkeit er dieses nur von den vorptolemäschen Astronomen berichtet. Cf. Delambre, Hist. de l'astr. anc. II., 625.

[4] p. 111, 17.

Cleopatra 12, die Dauer ihrer Herrschaft 294 Jahre beträgt, giebt Mas'ûdî mit Berufung auf die Tafel Theons die Anzahl der Könige auf 16, ihre Regierungsdauer auf 293 Jahre und 18 Tage an.

5) Εἰς τὸν μικρὸν Ἀστρόλαβον ὑπόμνημα. Im Fihrist wird diese Schrift unter dem Titel كتاب العمل بالاسطرلاب *Über den Gebrauch des Astrolabs*, von Barhebräus in der „Hist. Dyn." als كتاب الاسطرلاب *Über das Astrolab* und entsprechend im „Chron. Syr." aufgeführt. Fabricius[1] macht sich bezüglich dieses griechischen Titels zweier Irrtümer schuldig. Er will zunächst Ἀστρόλογον für Ἀστρόλαβον gelesen und unter dem Titel im Gegensatz zum Almagestcommentar einen Commentar zu einer gewissen Anzahl kleinerer Astronomen[2] verstanden wissen. Die arabischen Titel bestätigen die Richtigkeit der Lesung bei Suidas. Ferner wird durch dieselben auch die Auffassung des Fabricius von ὑπόμνημα in der Bedeutung „Commentar" als irrig zurückgewiesen, abgesehen davon, dass dann doch wohl auch der Verfasser des commentierten Werkes angegeben wäre oder wir ihn sonst kennen würden. Ὑπόμνημα wird demgemäss wohl in der allgemeinen Bedeutung von „Denkschrift, Tractat" oder dergleichen zu nehmen sein.

Ausser den erwähnten Werken zählt der Fihrist noch zwei andere von Suidas nicht aufgeführte Schriften Theons auf:

6) كتاب العمل بذات الحلق *Über den Gebrauch des Reifenwerkes.*[3] Barhebräus bezeichnet es im „Chron. Syr." als „*Über die Handhabung der ehernen Reifen, mit denen die Beobachtungen der Bewegungen der Sterne ausgeführt werden.*[4]

7) كتاب المدخل الى المجسطى بنقل قديم *Einleitung in den*

---

[1] Bibl. Graec. IX, 180, 182

[2] Über den „Parvus Astronomus", der von den Arabern bekanntlich als „die mittleren Schriften" (المتوسّطات) bezeichnet wird, s. Wenrich, p. 205 und Steinschneider in der Ztschr. f. Math. u. Phys. X, 456—498.

[3] Die Beschreibung dieser Armillarsphäre (κρικωτὴ σφαῖρα), sowie des vorher erwähnten Astrolabs nach Ja'qûbi s. in ZDMG XXXXII, 20 ff.

[4] Ja'qûbi, I., p. 151, 1, schreibt die Nr. 4—6 unserer Aufzählung dem Ptolemäus zu. Ob auf Grund dessen der Schluss Klamroth's (ZDMG XXXXII, 19 ff.), Ja'qûbi habe die Werke des Ptolemäus nur in den Commentaren Theons gekannt, berechtigt ist, muss dahingestellt bleiben. Mich will es bedünken, dass diese Verwechselung Ja'qûbis der Auffassung von dem engen Verhältnis zuzuschreiben sei, indem sich die Araber Ptolemäus und Theon als Beginner und Vollender zu einander stehend dachten.

Almagest in einer alten Übersetzung. Gemeint ist natürlich auch der griechisch noch erhaltene Commentar Theons, wiewohl auch Barhebräus das Werk als *Isagoge, d. i. Einleitung in die Syntaxis des Ptolemäus* bezeichnet. Es wäre doch auch sonderbar, wenn Theon ausser seinem Commentar, der doch auch das zur Einführung in das Studium des Almagest notwendige enthalten musste, resp. eine solche Einführung selbst ist, noch eine besondere Einleitung geschrieben hätte, noch sonderbarer aber, dass dann dieser Commentar hier nicht aufgezählt ist, obschon die Bekanntschaft der Araber mit demselben sich erweisen lässt. Im 6. Buche seines Almagestcommentars giebt Theon die Berechnung einer Sonnenfinsternis, die im Jahre 364 p. Ch. stattgefunden hat.[1] Diese Berechnung muss dem Ṯâbit Ibn Ḳurra vorgelegen haben, wenn er sein von Ibn Abi Uṣaibiʿa[2] citiertes Buch كتاب فيما اغفله ثاون فى والقمر الشمس كسوف حساب *Über das, was Theon bei der Berechnung der Sonnen- und Mondfinsternis unberücksichtigt gelassen hat,* schreiben konnte.

Die von Fabricius (IX, 182) dem Theon noch zugeschriebenen Werke

8) Ἔκδοσις *ac recensio Elementorum Euclidis,* sowie

9) *Scholia in Aratum* scheinen den Arabern auch unbekannt geblieben zu sein.

Zum Schlusse mag noch eine Schrift Erwähnung finden, die Ḥaǧǧi Ḥalfa mit einem gewissen Grad von Wahrscheinlichkeit dem Theon zuschreibt unter dem Titel:

10) رصد ثاون الاسكندرانى قبل الهجرة بتسعمائة واحدى وعشرين سنة استعمل فى زيجه المسمى بالقانون المحصول من الرصد المذكور تاريخ فيلبس الرومى البتّاء اخى ذى القرنين. *Astronomische Beobachtungen Theons aus Alexandria 921(!) Jahre vor der Hiǵra; er wandte in seiner aus den erwähnten Beobachtungen hervorgegangenen, Kanon genannten Tafel die Ära Philipps, des Griechen, des Architecten, des Bruders des Ḏu-l-Karnain, an.* Sollten wir in diesen Beobachtungen vielleicht die von Suidas zu Anfang seiner Aufzählung genannten Μαϑηματικά und Ἀριϑμητικά, die jedenfalls nicht Büchertitel sein können, zu erblicken haben?

---

[1] Van der Hagen, Observationes in Theonis fastos cet. p. 2.
[2] I., p. 220, 11.

B.

Von dem Smyrnäer Theon, der um die Mitte des zweiten nachchristlichen Jahrhunderts lebte und vom vorigen als Θέων παλαιός bezeichnet wird, ist uns im Griechischen ein Werk mit dem Titel Τὰ κατὰ τὸ μαθηματικὸν χρήσιμα εἰς τὴν τοῦ Πλάτωνος ἀνάγνωσιν[1] erhalten. Ein zweites nicht mehr erhaltenes Werk desselben Autors citiert er selbst in der oben erwähnten Schrift[2] als Ὑπομνήματα τῆς Πολιτείας. Wir haben darunter nach dem üblichen Sprachgebrauch zusammenhängende Erläuterungen zur Platonischen Politik zu verstehen. Dass die Araber diese beiden Schriften gekannt haben, lässt sich nicht nachweisen. Auf ein drittes Werk nimmt Proclus in seinem Commentar zu Platos Timäus[3] Bezug, wenn er im Gegensatz zu der von ihm gebilligten Genealogie Platos, wonach Kalaischros und Glaukon Brüder waren, mitteilt, dass andere wie z. B. Theon der Platoniker den Glaukon für den Sohn des Kalaischros ansahen. Hiller[4] wirft die Frage auf, ob dieser Passus aus dem eben erwähnten Politeiacommentare stammt. Die Frage ist zu verneinen. Das hier gemeinte Werk ist glücklicherweise auch in's Arabische übersetzt worden und, wenn schon nicht mehr erhalten, doch so stark von den Litterarhistorikern benutzt worden, dass wir auf Grund der darüber gebrachten Notizen und Auszüge nicht nur den Titel sondern auch die ganze Anlage des Buches mit einiger Sicherheit feststellen können. An-Nadîm führt in seinem Fihrist[5] unter den Naturphilosophen unsern Theon mit folgenden Worten auf: ثاون المتعقب لفلاطن وله من الكتب كتاب مراتب قراءة فلاطن واسماء ما صنفه. *Theon der Parteigänger Platos; von Büchern gehören ihm an ein Buch über die Reihenfolge, in der man die Werke Platos lesen soll, und über ihre Titel.* Dem Titel nach zu urteilen, müsste das hier aufgeführte Werk aus zwei Teilen bestanden

---

[1] Zuletzt vollständig hrsg. v. Hiller, Leipzig, 1878.
[2] Ed. Hiller, p. 146, 4.
[3] 26 A ἄλλοι δὲ Καλλαίσχρου Κριτίαν καὶ Γλαύκωνα παῖδας λέγουσιν, ὥσπερ καὶ Θέων ὁ Πλατωνικός.
[4] p. 146 Anm. seiner Theon-Edition.
[5] p. 255, 12.

haben; im ersten gab Theon einen Plan für die Reihenfolge der Platolectüre, im zweiten einen Catalog seiner Schriften. Allein dieser Titel hat seine Bedenken. Es wäre doch zum mindesten sehr seltsam, wenn er nach Absolvierung des ersten Teiles, bei dem er doch notwendigerweise auch die Titel der Schriften nennen musste, noch einen Catalog der Werke folgen liess. Man sollte doch vernünftigerweise das Umgekehrte erwarten; allenfalls wäre es denkbar, dass er beides in der Behandlung vereinigt hätte. Für den ersten Teil dieser Alternative, wonach also zunächst ein Catalog und dann die Reihenfolge der Schriften gegeben wäre, spricht die Art und Weise, in der die Qifṭi s. v. Plato auf das Werk Bezug nimmt. Man liest da: وقد ذكر ثاون ما صنّفه افلاطون من الكتب ورتّبه. *Theon hat die von Plato verfassten Bücher aufgezählt und geordnet.* Und auch im Fihrist selbst wird an anderer Stelle[1] das Werk in entsprechender Weise citiert, wenn es heisst: ما ألّفه من الكتب على ما ذكر ثاون ورتّبه. *An Schriften hat er* (Plato) *nach dem Verzeichnis und der Anordnung Theons verfasst.* Aber noch ein weiteres Moment lässt sich gegen die Richtigkeit des Titels in der Form, wie er im Fihrist vorliegt, geltend machen. Wie wir gleich zu sehen Gelegenheit haben werden, haben die die Araber auch eine von Theon herrührende Biographie Platos gekannt. Da nun kein anderes Werk dieses Autors ihnen bekannt war, so kann dieselbe nur aus dieser Schrift stammen, zu welcher sie als Einleitung ja auch vorzüglich passte. Sehen wir uns jetzt die drei Abschnitte dieses für das Platostudium bei den Arabern grundlegenden Werkes im Einzelnen an.

Der erste Teil, die Biographie enthaltend, hob mit folgender von Qifṭi mitgeteilten Genealogie an: *Theon erzählt, dass Plato der Sohn des Ariston war. Seine Mutter war Perictione, die Tochter des Glaucon. Er war aber von Seiten beider Eltern vornehmen Geschlechtes. Seine eben erwähnte Mutter stammte aus dem Geschlechte Solons, welcher den Athenern die Gesetze gegeben und die Stadt Salamis wiederverschafft hatte, welche ihnen von den Megarensern entrissen war. Solon hatte einen Bruder namens Dropides, welchen Plato in seiner Poesie oft erwähnt. Dropides*

---

[1] p. 246, 4.

hatte einen Sohn, welcher Kritias hiess. Diesen hat Plato in seinem Timäus erwähnt. Der Sohn des Kritias war Kallaeschrus, der Sohn des Kallaeschrus Glaucon. Glaucons Sohn war Charmides und die Schwester des Charmides Perictione, welche auch Factone(?) hiess. Ihr Sohn war Plato. Plato war also der sechste von Seiten Solons. Diese Genealogie hat Proclus in der oben angeführten Stelle im Auge. Qifṭi fährt dann weiter fort: *Was aber das Geschlecht seines Vaters Ariston[1] anlangt, so reicht es in seiner Abstammung zu Codrus, dem Sohn des Melanthus, hinauf, nach dem die Melanthiden(?) ihren Namen haben. Sein Ahnherr Melanthus war ein tapferer, hervorragender, einsichtiger und schlauer Mann.* Es folgt nun die bekannte Anecdote über den Zweikampf des Melanthus mit dem Boeoterkönig Xanthus, sowie die sich daran knüpfende volkstümliche Version von dem Ursprung des jonischen Volksfestes der Apaturien, die ich bereits an anderer Stelle[2] mitgeteilt habe, woselbst ich auch wahrscheinlich zu machen versuchte, dass diese Anecdote in der hier vorliegenden Form auf die Atthis des Hellanikus zurückgeht. Der Bericht lautet so: *Als die Boeoter die Athener wegen einer ihnen zugefügten Vergewaltigung mit Krieg überzogen und der Krieg lange dauerte und die Kämpfer zwischen beiden Parteien kämpften ein jeder, wo er sich gerade befand — König über Boeotien war damals Xanthus, über Athen Thymoetes — da forderte Xanthus den Thymoetes zum Zweikampf heraus. Doch dieser war von niedriger Gesinnung und lehnte aus Feigheit den Zweikampf ab. Da trat der Athener Melanthus, Platos Ahnherr, hervor und sagte: „Ich will den Zweikampf aufnehmen unter der Bedingung, dass ich König werde, wenn ich obsiege." Thymoetes war damit zufrieden. Da trat Xanthus, der König von Boeotien, heraus, und Melanthus, Platos Ahnherr, ging ihm entgegen. Als sie sich nun einander näherten, sagte Melanthus zu seinem Gegner: Gehe einmal fort und komme dann wieder zu mir zurück. Als daraufhin Xanthus sich umwandte, schlug ihn Melanthus meuchlings von hinten und tötete ihn. Und von dieser Zeit an wurde dieser Tag zu einem Fest-*

---

[1] Im Fihrist 245, 28 heisst Platos Vater mit Berufung auf Theon Aston, während unmittelbar vorher nach Plutarch die richtige Form Ariston steht.
[2] Zeitschr. d. Deutschen Morgenländischen Gesellschaft, Bd. 48, Heft 3.

*tage bei den Athenern und erhielt den Namen „Fest des Betruges".
Auf Griechisch wurde es zu jener Zeit Apatenorien genannt, jetzt
aber Apaturien.* Der genealogische Bericht schliesst mit der Erzählung des Opfertodes des Codrus: *Und sein Sohn Codrus gab
sein Leben den Feinden preis, um die Bewohner seiner Stadt zu
retten; er scheute sich nicht, zerrissene Kleider anzuziehen und für
sie zu sterben.* Dass auch die weiteren biographischen Mitteilungen
der Araber über Plato aus Theon stammen, halte ich nicht für
unwahrscheinlich, wenn schon man sich nicht verhehlen darf, dass
die Einleitungen dieser Notizen im Vergleich zu den directen Be-
zugnahmen auf Theon nicht eben dafür zu sprechen scheinen.
Da nun die griechischen Biographien von Olympiodor und dem
Anonymus im wesentlichen mit der arabischen Überlieferung sich
decken, so müssten dieselben, falls meine Vermutung sich als
richtig erweisen sollte, entweder aus Theon selbst geschöpft oder
doch dieselbe Quelle wie er benutzt haben.

Über den zweiten Teil des in Rede stehenden Werkes, der
den Catalog der Platonischen Schriften enthält, hat bereits A. Müller[1]
das Erwähnenswerte mitgeteilt. Ergänzend möchte ich nur bemerken, dass auch Ibn Abi Uṣaibiʻa, obschon er es nicht ausdrücklich sagt, seinen Catalog der Werke Platos m. E. nach Theon
giebt. Denn auch an mehreren anderen Stellen citiert er zweifellos
den Theon, ohne ihn als Gewährsmann zu nennen. Wie dann
allerdings die Discrepanz zwischen den Catalogen des Fihrist und
Qifṭi einerseits und dem des IAUṣaibiʻa andererseits zu erklären
ist, wird sich kaum mit völliger Sicherheit ausmachen lassen. Eine
Möglichkeit der Erklärung wird sich uns vielleicht nach Absolvierung des dritten Teiles darbieten.

Obgleich der Inhalt dieses dritten und Hauptteiles nur sehr
summarisch angegeben wird, so genügt das doch, um uns ein
ausreichendes Bild von seiner Anlage zu machen. Auf ihn beziehen sich zweifellos die Worte des Fihrist[2] und nach ihm Qifṭis:

وقال ثاون افلاطون يرتب كتبه فى القراءة وهو ان يجعل كلّ مرتبة
اربعة كتب يسمّى ذلك رابوعا. *Es sagt Theon: Plato hat seine Bücher
für die Lecture in der Weise geordnet, dass er je vier Bücher*

---

[1] Die griechischen Philosophen in der arab. Überlieferung, p. 7 und 42ff.
[2] p. 246, 20.

zusammenstellte und diese Tetralogien nannte. Etwas ausführlicher lässt sich hierüber noch IAUṣaibi'a aus, natürlich ebenfalls nach Theon, ohne ihn indess namentlich zu citieren: كتبه يتّصل بعضها

ببعض اربعة اربعة يجمعها غرض واحد ويختصّ كلّ واحد منها غرض
خاصّ يشتمل عليه ذلك الغرض العامّ ويسمّى رابوعا وكلّ رابوع منها
يتّصل بالرابوع الذى قبله. *Von seinen* (Platos) *Büchern hängt das eine mit dem andern zusammen und zwar immer je vier, die ein einziger Zweck vereinigt. Jedes einzelne davon hat seinen speciellen Zweck, den dieser allgemeine Zweck umfasst. Jede einzelne Ver-einigung führt den Namen Tetralogie. Und jede dieser Tetra-logieen hängt wieder mit der vorhergehenden zusammen.* Es steht hiernach wohl ausser Zweifel, dass dieser Teil in einer Ausführung des nach Thrasyllus, dem Hofastrologen des Kaisers Tiberius, be-nannten Systems der Vierteilung der platonischen Schriften be-standen hat. Und da nun Theon für sein griechisch erhaltenes Werk Περὶ τῶν κατὰ κτλ. bekanntlich desselben Thrasyllus Com-mentar zu Platos Timäus excerpiert — er citiert ihn darin nicht weniger als sechs Mal — so dürfte es als gewiss gelten, dass auch für diesen Teil des arabischen Werkes Thrasyllus seine Quelle oder doch Grundlage gewesen ist.[1] Haben wir so den Character des dritten Teiles richtig bestimmt, so ergiebt sich uns auch eine Möglichkeit zur Erklärung der Differenz zwischen dem Fihrist und Qifṭi einer- und IAUṣaibi'a andererseits bei der Aufzählung der Schriften Platos, wenn sie wirklich beide aus Theon geschöpft haben. Sie liegt in der Annahme, dass der Fihrist und Qifṭi ihrer Aufzählung den zweiten Teil des Theonischen Werkes, der einen einfachen, vielleicht an die pinacothecarischen Arbeiten der Alexandriner sich anlehnenden Catalog gegeben, zu Grunde gelegt, während IAUṣaibi'a, wie ersichtlich, sich an die tetralogische Ord-nung des dritten Teiles gehalten hat.

Zu bemerken bleibt noch, dass Barhebräus in seinem „Chronicon Syr." mitteilt, Theon von Alexandria habe 36 Werke Platos auf-

---

[1] Vielleicht geht sogar der biographische Teil des Werkes zunächst auf Thrasyllus zurück, der ja bei Diogenes Laertius III., 1 auch als Gewährsmann für die Genealogie Platos citiert wird.

gezählt.[1] Dass hier nach dem Vorstehenden an den Alexandriner nicht zu denken ist, sondern wieder eine Verwechselung mit dem Smyrnäer vorliegt, liegt auf der Hand. Diese Verwechselung ist für Barhebräus um so erklärlicher, als er ja nur den Alexandriner kannte und sich deshalb überall, wo er den Namen Theon ohne nähere Bezeichnung fand, gemüssigt fühlte, die obige Zusatzbemerkung zu machen.

---

[1] IAUṣ., p. 50, 30 giebt die Zahl der Platonischen Schriften auf 56 an; die Differenz in diesen Angaben findet ihre einfache Erklärung darin, dass Barhebr, die Zahl der aus den neun Tetralogien sich ergebenden Werke (Politeia und Nomoi als je eins gerechnet) notiert, während IAUṣ. (obwohl er auch „Werke" sagt und bemerkt, dass einige aus mehreren „Büchern" bestehen) die Gesammtzahl der Bücher (die Politeia mit 10, die Nomoi mit 12) angiebt.